Sammlung 〈Ausführliche Praktische Deutsche Grammatik〉 10
Herausgeber: Nagatoshi Hamasaki, Jun Otomasa, Itsuhiko Noiri
Verlag: Daigakusyorin

Ausdruck und Stil

表現・文体

乙政　潤　著

浜崎長寿・乙政　潤・野入逸彦編集〈ドイツ語文法シリーズ〉10

東京　**大学書林**　発行

拙著を恩師大阪外国語大学ドイツ語学科主任教授
熊谷俊次先生の御霊前に捧げます．

　　　　　　　　　　　　　　　　　　　著者

「ドイツ語文法シリーズ」刊行のことば

　ドイツ語の参考書も時代とともにいつしか種類が大いに変わって，初心者向きのものが多彩になるとともに，中級者や上級者のためのものは種類が減ってしまった．かつては書店のドイツ語参考書の棚でよく見かけた著名な中・上級向けの参考書はほとんど姿を消してしまっている．

　ドイツ語の入門者の要求がさまざまであることに対応して，さまざまに工夫された参考書が刊行されていることは，ドイツ語教育の立場からして大いに歓迎されるべきことである．しかし，入門の段階を終えた学習者がその次に手にするべき参考書の種類が乏しいことは，たんに中・上級へ進んだ人々が困るという問題であるばかりでなく，中・上級の学習者層が育たない原因にもなりかねず，その意味ではドイツ語教育の立場から憂わしい状態であると言うことができよう．

　私たちは，ドイツ語文法の入門課程を終えた人々が中・上級者としての知識を身につける基礎を提供することによって今日のわが国におけるドイツ語教育に寄与したいと考えた．そして，『ドイツ語文法研究概論』と題するハンドブックを第1巻として，他は品詞を単位に，あるいは「格」や「副文」のような文法項目を単位に，またあるいは「語彙」，「造語」，「発音」，「綴字」，「表現」，「文体」など中級者が語学力のうちに数えるべき分野を単位に，すべてを10巻にまとめ，「ドイツ語文法シリーズ」のタイトルのもとに刊行することにした．

　また，第Ⅱ期分として，第Ⅰ期に盛ることができなかった品詞や文法項目や分野を網羅してさらに引き続いての10巻にまとめる計画も立てている．

　初級の文法知識をマスターして実地にそれらの知識を適用しながらさらに勉強を続けている人は，勉強して行くうちにさまざまな問題に出会って，自分の持っている知識をさらに深めたいと思っているはずである．あるいは特定の品詞や項目や分野について体系的な知識を得たいと望んでいると思われる．あるいはまた，自分が教えている現代ドイツ語の語形がどのようにして成立したのかという歴史的な由来も中級的な知識の一端として知りたいと考えられることもあろう．そのような希望に応えて，中・上級学習者の実地に役立つ知識を提供することが私たちの第一の願いである．そして，その際に

刊行のことば

記述がみだりに固くて難解にならないよう配慮し，いわば噛んで含めるように述べ，かつまた，きちんと行き届いた説明をすることが，私たちが心がけた第一の点である．

各巻には巻末に参考文献を挙げ，索引を付けた．読者はこれらの文献を利用すれば，問題の品詞や項目や分野についてさらに広範で深い知識を得ることができる．読者はまた索引によって，日頃出会う疑問に対する解答を容易に見つけることができるであろう．そして索引はそればかりではなく，問題の品詞や項目や分野についてどのような研究テーマがあるのかを知るためにも役立てることができるであろう．

私たちの「文法シリーズ」は，こうして，なによりも中・上級ドイツ語の学習者に実地に役立つことを目指してはいるけれども，同時にそれは現在すでに教壇に立たれ，ドイツ語を教えておられる方々にも必ずやお役に立つと信じる．授業を進められるうちに，自分の知識を再度くわしく見直したり，体系的に整理されたりする必要はしばしば生まれると考えられるからである．各巻の詳しい説明はその際にきっと役に立つであろう．また，各巻に添えられた文献表や索引もさらに勉強を深められるうえでお役に立つと信じる．

私たちのこのような意図と願いは，ドイツ語学の若手研究者として日々篤実な実績を積まれている方々の協力によって，ここに第Ⅰ期10巻として実り，逐次刊行されることとなった．各執筆者の協力を多とするとともに，このような地味なシリーズの刊行を敢えて引き受けて下さった大学書林の御好意に対して深く謝意を表明するものである．

1999年　夏

浜崎長寿
乙政　潤
野入逸彦

はしがき

「文法」という言葉は，通例，文文法 Satzgrammatik の意味で使われる．本シリーズも文文法を解説することを基本の目標としている．けれども，表現や文体の問題には文よりも文章のレベルで扱ったほうが理解しやすいものが多い．描写の特徴を知るには，ある程度まとまった長さの文章を観察しなければならないし，テンスのはたらきなどもコンテクストがなければ明らかにならないし，叙述の方式の違いも文章を考察してはじめて把握できる．私たちの日常のコミュニケーションを眺めても，文章の形で情報を交換しているのが普通である．しかも，文章を作る際にいろいろな因子が関わって文章が出来上がっていくのが真実の姿である．そのようなわけで，本書の実例には語句や文のほかに文章がかなり混じっている．

実例のなかには長い文章も出てくるが，長い文章を読んで表現や文体の工夫がどのように凝らされているかを見つける訓練は，ドイツ語を受け入れる力を養ううえでたいへん大切である．受容によって磨かれた感受性は，生産の際の大きな支えとなる．読者が実例を音読されるよう強く勧めたい．音読の習慣のない学習者は，けっして語学の力を伸ばすことができない．

解説のなかにいろいろな術語がでてくる．術語の意味を正確に知り，術語を使って文章を分析することは，受容の能力を伸ばすのに欠かすことができない．感受性の錬磨は正確な分析のうえに立ってこそ養われるのだから，術語をマスターすることは必須の前提である．

実例は，長い例に限って出典を示し，短い例は出典を一々記さなかった．また，原則として日本語訳を添えたが，特に記していない場合は，すべて著者の訳である．不必要に堅苦しい直訳調にならないように，反面，流暢であろうとして意訳のしすぎにならないように注意したつもりである．

シリーズの一冊として定められたページ数の範囲内でドイツ語の表現の特色からいろいろな文体論の立場まで解説しようとしたため，とくに10.2.11.の言語学と文体研究の関わりや，10.2.12.の文体論の分類は概説的で読みづらいかもしれないが，このような問題を概観するのには役立つかとも思う．

2000年　春

著者しるす

目　　次

10.1.　表現 ……………………………………………………………………1

  10.1.1.　テクスト ……………………………………………………………1
    10.1.1.1.　結束構造と結束性 ……………………………………………2
    10.1.1.2.　テーマとレーマ ………………………………………………5
    10.1.1.3.　テーマ・レーマ分節 …………………………………………6
    10.1.1.4.　意味の同位元素レベル ………………………………………9
    10.1.1.5.　文学テクストと実用テクストの区分 ………………………11
  10.1.2.　コミュニケーション ………………………………………………14
    10.1.2.1.　行為と行動 ……………………………………………………14
    10.1.2.2.　送り手と受け手 ………………………………………………15
    10.1.2.3.　コンテクスト …………………………………………………16
  10.1.3.　テクストと記述 ………………………………………………………17
    10.1.3.1.　Ich-Jetzt-Hier-Origo とパースペクティブ …………………17
    10.1.3.2.　指呼と文法手段 ………………………………………………19
    10.1.3.3.　指呼的パースペクティブと内在的パースペクティブ ……19
    10.1.3.4.　現場指示，文脈指示，観念指示 ……………………………20
    10.1.3.5.　パースペクティブの実例 ……………………………………23
  10.1.4.　文とテクスト …………………………………………………………27
    10.1.4.1.　文の長さと文の種類 …………………………………………27
    10.1.4.2.　長い文と短い文 ………………………………………………29
    10.1.4.3.　文肢の並置 ……………………………………………………31
    10.1.4.4.　複雑な構文 ……………………………………………………32
    10.1.4.5.　双対文 …………………………………………………………36
    10.1.4.8.　枠構造と枠外配置 ……………………………………………39
  10.1.5.　表現と送り手の関わり ………………………………………………42
    10.1.5.1.　送り手の主観と表現方式 ……………………………………42
      10.1.5.1.1.　記述的表現 ………………………………………………42
      10.1.5.1.2.　説明的表現 ………………………………………………43

目　　次

- 10.1.5.1.3.　印象的表現　……………………………………45
- 10.1.5.2.　受け手に対する送り手の配慮　……………………46
- 10.1.5.2.1.　現実化　………………………………………………46
- 10.1.5.2.2.　擬人化　………………………………………………47
- 10.1.5.2.3.　動態化　………………………………………………48
- 10.1.5.2.4.　感覚化　………………………………………………49
- 10.1.5.2.5.　現前化　………………………………………………50
- 10.1.5.3.　テクストの内容に対する送り手の態度　……………51
- 10.1.5.3.1.　同調的関与　…………………………………………51
- 10.1.5.3.2.　客観化記述　…………………………………………54
- 10.1.5.3.3.　拒絶的非関与　………………………………………54
- 10.1.5.3.5.　パロディー・戯画化　………………………………55
- 10.1.6.　表現と描写　…………………………………………56
- 10.1.6.1.　ありさまの描写　………………………………………56
- 10.1.6.2.　風景の具体的描写　……………………………………58
- 10.1.6.3.　動きの描写　……………………………………………60
- 10.1.6.4.　言葉の描写　……………………………………………61
- 10.1.6.4.1.　発話の直接的な再現　…………………………………62
- 10.1.6.4.2.　発話の間接的な再現　…………………………………64
- 10.1.6.4.3.　内的独白－心理の描写　………………………………65
- 10.1.6.4.4.　体験話法－心理の描写　………………………………67
- 10.1.7.　テンス　………………………………………………71
- 10.1.7.1.　語りの時制と論評の時制　……………………………71
- 10.1.7.2.　叙事的過去　……………………………………………72
- 10.1.7.3.　歴史的現在　……………………………………………74
- 10.1.8.　物語テクストにおける叙法　………………………77
- 10.1.8.1.　物語テクストにおける送り手　………………………77
- 10.1.8.1.1.　一人称の語り手による語り　…………………………78
- 10.1.8.1.2.　三人称の語り手による語り　…………………………79
- 10.1.8.1.3.　映し手による語り　……………………………………80

目　　次

10.2．文体　………………………………………………………85

10.2.1　文体の定義　………………………………………………85
10.2.2．　文体要素　…………………………………………………88
10.2.3．　言語手段を文体要素に変える要因　……………………90
10.2.3.1．　テーマ　…………………………………………………90
10.2.3.2．　コミュニケーション方式ならびにパースペクティブ　………97
10.2.3.3．　コミュニケーション状況　……………………………101
10.2.4．　文体のあや　……………………………………………106
10.2.4.1．　文体のあやの本質　……………………………………106
10.2.4.2．　文体のあやの分類　……………………………………106
10.2.4.2.1．　代替のあや　…………………………………………107
10.2.4.2.2．　付加のあや　…………………………………………110
10.2.4.2.3．　脱落のあや　…………………………………………113
10.2.4.2.4．　配列のあや　…………………………………………115
10.2.5．　文体特徴　………………………………………………122
10.2.5.1．　文体特徴の本質　………………………………………122
10.2.5.2．　文体特徴の分類　………………………………………127
10.2.5.2.1．　量的・構造的な観点　………………………………128
10.2.5.2.2．　質的・機能的な観点　………………………………128
10.2.5.3．　文体原理　………………………………………………129
10.2.6．　文体的色彩　………………………………………………130
10.2.7．　文体タイプ　………………………………………………132
10.2.7.1．　文体タイプの機能的分類　……………………………133
10.2.7.2．　文体タイプの機能別分類とそれぞれの主特徴　……135
10.2.7.2.1．　公用語文体の主特徴　………………………………136
10.2.7.2.2．　学問的文体の主特徴　………………………………138
10.2.7.2.3．　ジャーナリズムの文体の主特徴　…………………140
10.2.7.2.4．　日常の意志疎通のための文体の主特徴　…………141
10.2.8．　語彙的手段と文体　………………………………………143
10.2.8.1．　文体手段としての造語法　……………………………144
10.2.8.2．　文体手段としての品詞　………………………………145

目　　次

10.2.8.2.1.　名詞	145
10.2.8.2.2.　形容詞	145
10.2.8.2.3．動詞	146
10.2.8.2.4.　副詞	150
10.2.8.2.5.　人称代名詞	151
10.2.8.3.　文体手段としての同義語と反義語	151
10.2.9.　音響と文体	152
10.2.10　文体論の歴史	154
10.2.10.1.　「文体」の名称の由来と「文体」の概念の発展	154
10.2.10.2.　文体論の成立	156
10.2.10.3.　20世紀の文体観と文体論	158
10.2.11.　言語学と文体論のいろいろな立場	161
10.2.11.1.　統計的文体論	161
10.2.11.2.　機能主義的文体論	161
10.2.11.3.　構造主義的文体論	162
10.2.11.3.1.　選択・組み合わせ理論	162
10.2.11.3.2.　同義語選択理論	163
10.2.11.3.3.　コンテクスト対比・対照主義	164
10.2.11.3.4.　規範逸脱理論	164
10.2.11.3.5.　生成文体論	165
10.2.11.3.6.　語義論からの影響	166
10.2.11.3.7.　コミュニケーション派	166
10.2.11.3.8.　語用論的文体論	167
10.2.11.3.9.　会話文体論	168
10.2.12.　文体論の体系的分類	168
10.2.12.1.　文体習得の理論と見る立場	168
10.2.12.2.　文体成立の契機を説明しようとする立場	169
10.2.12.3.　文体を現象学的に見る立場	170
10.2.12.4.　コミュニケーションや語用論を背景にする立場	171
10.2.12.5.　ミクロ文体論とマクロ文体論	171
参考文献	173

目　次

例文出典 …………………………………………174
事項の索引 ………………………………………176
人名の索引 ………………………………………179

10.1. 表　　　現 (Ausdruck)

　本巻の前半部10.1.表現では，主として，表現を観察する際に基礎となる概念を実例を示して具体的に解説する．

10.1.1. テクスト

　言語を観察する場合に観察のレベルを設定して，各レベルごとに分けて観察するのが普通である．言語観察のレベルは言語を構成する単位別に設定される．いちばん小さい言語単位として音声と音素が，その上の言語単位として形態素と単語が，さらにその上の言語単位として文肢と文が，そしていちばん上の言語単位としてパラグラフと文章が考えられている．文章は**テクスト** Text とも呼ばれる．ちなみに，ドイツ語の Text という語は，後期ラテン語 (3-6世紀) の textus に由来するが，この textus は本来，「編む」を意味する動詞 textere の過去分詞から作られた名詞で，「編んだ物」を意味していた．

　本シリーズ全10巻のうち第1巻から第9巻までは，第1巻『ドイツ語文法研究概論』の一部で音声と音韻を扱ったほかは，文法現象の観察をほとんど単語・語句から文にかけてのレベルに限ってきた．しかし，この第10巻『表現・文体』に至ってはじめて，観察の言語レベルが単語・語句・文からさらに文章へと広がる．

　また，第1巻から第9巻まででも例文にはすべて訳がついていることからも分かるように，文法の研究で意味を無視することができないのは確かであるけれども，第10巻では意味が脇役ではなくて主役の立場に立つようになって，正面に出てくる．これは，表現の仕方の考察を中心に据える以上，当然のことと言わなければならない．

　ドイツ語では文は Satz といい，文章は Text という．常識から考えて，ふつう文章は複数の文から成り立っている．手紙も文章であるし，小説も文章である．しかし，言葉で書かれたものだけが文章であるわけではない．式辞やテーブル・スピーチも文章である．また，二人の人間の会話も，二人以上

の人間のあいだの談話も，あるいは，デイスカッションもまた，始めから終わりまでが全体で一つの文章である．しかし，文章という名称は何となく書かれたものを連想させる．「話された文章」という表現もどこかしっくりしない．そこで，書かれた文章も話された文章もあわせて，テクストと呼ぶのが普通である．以下の考察では例の多くが書かれた文や文章であるけれども，表現の仕方やその効果を考察するときの対象が書き言葉に限られると考えるのは誤っている．

　そこで，テクストに区分を設けるとすれば，基準になるのはコミュニケーションの様式の違いである．すなわち，口頭コミュニケーションで作り出されたテクストと，文書によるコミュニケーションで作り出されたテクストは区別される．一般的に言えば，文書によるコミュニケーションで作り出されたテクストは，たいてい推敲を経ているため，テクストとしての言葉遣いが整っているのが普通である．文学作品は当然として，そのほかにも折り目正しい言葉遣いで綴られたテクストは無数に存在する．それに比べると，口頭のコミュニケーションの典型とも言える日常生活における自発的な発話は，テクストとしてはあまり整っていない．むしろ，言い直しや，言い間違いや，中断や，あるいは話の筋の混線すら見受けられる．しかし，これはあくまでも一般的な区別にすぎず，現実には学会発表や講演のように格調のある言葉遣いで話されるテクストもあるし，前もって準備された発話はそれに準じる整ったテクストである．口頭コミュニケーションで作り出されたテクストであれ，文書によるコミュニケーションで作り出されたテクストであれ，準備や推敲の有無の違いが，テクストに現れる文の長短やテクストの完成度に影響を与え，結果としてテクストの印象が違ってくる．その印象の違いは「文体の違い」に由来すると言っているが，「文体」の詳しい意味は後半の「10.2.文体」で学ぶので，前半部ではなるべく「文体」と言う用語を避け，「文章の表現上の様式」と言い表している．

10.1.1.1. 結束構造と結束性

　常識から言うと，テクストとは複数の文が連続して出来上がっている言語単位である．しかし，厳密に言うと，これではテクストの定義とは言えない．例えば，下の例はテクストだろうか．それとも，テクストではないだろうか．テクストでないとしたら，それはなぜだろうか．

10.1. 表　　現

（1）　Vor dem Haus steht ein hoher Kastanienbaum. Heute ist der Lachs selten und gilt als wertvoller Speisefisch. Jetzt sind die Blätter noch spitz und zusammengerollt. Im Mikroskop sind mehrere Linsen eingebaut. Über den dunklen Himmel bewegt sich ein schneller Lichtfleck. （家のまえに一本の高い栗の木が生えている．今日では鮭は珍しくなってしまい，高価な食用魚と考えられている．今は葉がまだ先がとがって，捲いた状態である．顕微鏡には何枚かのレンズが組み込まれている．暗い空をすばやい光の斑点が動いていく）

ここには5個の文が連続して並んでいる．そして，それぞれの文の意味に不明な点はない．けれども，文と文が互いに孤立していて脈絡を欠いているため，全体として意味のまとまりがない．しかし，もし第1文のあとが例（2）のように続いているならば，全体を意味的に一つのまとまりのあるものとして受け止めることができる．

（2）　Vor dem Haus steht ein hoher Kastanienbaum. Im Herbst haben Karin und Klaus eine Menge Kastanien darunter gefunden. „Das sind die Samen der Roßkastanie", hat Mutter gesagt. Dunkelbraun und glänzend liegen sie da, wenn sie aus ihrer stachligen grünen Hülle platzen. Karin bastelt aus Kastanien und Streichhölzern Figuren. (MGKL) （家のまえに一本の高い栗の木が生えている．秋にKarinとKlausはその下でたくさんの栗の実をみつけた．「それは橡の種ですよ」と母が言った．とげが生えた緑の殻からはじき出された橡の実は暗褐色でつやつやしている．Karinは橡の実とマッチ棒で人形を作る）

例（2）が意味的に一つのまとまりのあるものとして受け止められるのは，何よりも，文と文が互いに脈絡を保っているからである．すなわち，第2の文のdarunterのda-は第1の文のKastanienbaumを指しているし，第3の文のDasは子供たちが見つけたeine Menge Kastanienを指している．第4の文の主文中のsieは，副文中のsieとともに，第3の文のdie Samen der Roßkastanieを指している．また，ihrもsieの所有代名詞という意味で間接的ではあれ，die Samen der Roßkastanieを指している．最後の文のなかには第4の文のなかの名詞を指す代名詞はない．しかし，最後の文のなかの

Kastanien は，Karin が Klaus といっしょに見つけた第2の文の Kastanien と同一であると推定されるから，事実的に第2の文の Kastanien をくり返したと言うことができる．また，Karin は第2の文に含まれる Karin を繰り返しているのであるから，最後の文は第2の文に関わりを持っている．また意味の面から考えると，第2文の Kastanien は第1文の Kastanienbaum から落ちたものと考えてまずまちがいないから，ここでは意味によっても結合が作り出されていると言うことができる．なお，このように先に出てきた名詞を繰り返したり，代名詞などで言い換えたりすることを**再録** Wiederaufnahme という．

このように例（2）に含まれる5個の文は，第1文から第4文までは人称代名詞や指示代名詞や所有代名詞，それに指示的な副詞のような文法的手段によって，また，第5文と第2文は意味的手段によって結び合わされている．文法的手段によって作り出されている結合を**結束構造** Kohäsion といい，意味的手段によって作り出されている結合を**結束性** Kohärenz という．結束構造と結束性の力で例（2）のなかの文は互いに結び合わされ，その結果，脈絡を持つ文の集合となっている．

つまり，結束構造と結束性が認められる文の連続はテクストなのであり，テクストであるための不可欠な条件が結束構造と結束性である．例（1）にはこのような結束構造も結束性も認められないから，例（1）は単なる文の羅列にすぎず，テクストと呼ぶことはできないのである．

ちなみに，文一つきりで出来ているテクスト，いわゆる**単一文テクスト** Einsatz-Text というものも現実に存在する．ことわざ，広告，看板やポスター，掲示，指示のなどはたいてい文一つで，しかも，たいていは省略文でできている．これらの場合は，結束構造や結束性をテクストであると判断する規準にすることはできない．これらの文が外見は文でも実質はテクストであると判定できるのは，それ自体で完結していて，なおかつ特定のはたらきをしているからである．

（3） Wer andern eine Grube gräbt, fällt selbst hinein. （ひとを呪わば穴二つ：教訓のはたらき）

（4） Mit uns nach: Finnland/Polen/Bornholm/Sudschweden （当社の便にてフィンランド/ポーランド/ボルンホルム島/南スエーデンへ：勧誘のはたらき）

（5） Ein bissiger Hund！（噛みつく癖のある犬［猛犬に注意］：警告のはたらき）
（6） Den Rasen betreten ist verboten.（芝生に立ち入るべからず：禁止のはたらき）
（7） Kippen nicht ins Gleis werfen.（吸い殻を線路に捨てないこと：禁止のはたらき）
（8） Dienstfahrt （回送車：周知のはたらき）

10.1.1.2．テーマとレーマ

　テクストはパッチワークにたとえることができる．一枚一枚の小片が文にあたる．対話では一回の発言が小片にあたる．小片が結び合わされて出来上がった一枚の布がテクストである．小片を結び合わせている糸にあたるのが結束構造や結束性である．しかし，テクストを作り上げているのは結束構造と結束性だけだろうか．
　プラーク学派の言語学者たちは，文がテーマとレーマから成り立っていると考えた．例えば，
　　（9） Die Deutschen nennen ihren größten Fluss „Vater Rhein". （ドイツ人たちは彼らの最大の河を「父なるライン」と呼んでいる）
という文のテーマとは，Die Deutschen という部分である．**テーマ** Thema とは，聞き手/読み手にとって既知の情報をいう．誰でも知っているか，常識で分かるか，場面から推察できるか，いずれにせよ，説明をしてもらわなくてもわかる情報は，聞き手/読み手にとって既知の情報である．たまたま文の主語にあたっているけれども，これはこの場合だけの現象であって，文の主語がいつもテーマであると考えてはならない．一方，**レーマ** Rhema とは聞き手/読み手にとって未知の情報，つまりテーマについて話し手/書き手が伝えたいと思うコメントのことである．「ドイツ人」が何を意味するかは常識で分かる．しかし，そのドイツ人がどうしたというのかは，話し手/書き手の言い分を聞いてみなければ分からない．すると，上の文から Die Deutschen を除いた nennen ihren größten Fluss „Vater Rhein"がテーマ「ドイツ人」についてのコメント，すなわちレーマである，
　同じプラーク学派の F. Daneš は，どんな文にもテーマとレーマが認められるのであるから，テクストが文の結合されたものである以上，それぞれの文

のテーマとレーマもなんらかの形でつながって続いていっているはずだと考えた．そして，テクストを**テーマ・レーマ進行** Thema-Rhema-Progression としてとらえ，これを分析することを試みた．これが**テーマ・レーマ分節** Thema-Rhema-Gliederung である．

10.1.1.3. テーマ・レーマ分節

　Die Deutschen nennen ihren größten Fluss „Vater Rhein". ①という文のあとに

(10)　Sie haben eine enge Beziehung zu diesem Strom. ②　（彼らはこの河と密接な関係を持っている）

という文が続いているとする．この文のテーマは Sie である（以下，直線の下線で示す）．Sie はもちろん Die Deutschen を指しているから，容易に既知の情報と認めることができる．残る部分がレーマである（波線の下線で示す）．

　さらに次の文が続いているのだが，この文のテーマとレーマはそれぞれ何だろうか．先行する文①と②によって「ライン河」はテクストの聞き手/読み手にとって既知の情報となった．それゆえ，文のテーマは den Rhein である．そして，残る Märchen und Sagen ranken sich um がレーマとなる．

(11)　Märchen und Sagen ranken sich um den Rhein. ③　（いろいろなメルヒェンや伝説がライン河にまつわっている）

さて，文③のあとにもう一つ文が続いている．

(12)　Er ist Trinkwasserreservoir für dreißig Millionen Menschen und die am meisten befahrene Großschifffahrtsstraße der Welt.④　（それは3000万人の飲み水のタンクであり，世界中でいちばん交通の激しい大型船用水路である）

文頭の Er は文③の末尾の Rhein を指しているから，聞き手/読み手にとって既知の情報とはこの Er に他ならない．そこで，文④のテーマとレーマは下図のようになる．

Er ist Trinkwasserreservoir ... und die ... Großschifffahrtsstraße der
T_1　　　　　　　　　　　　　　　R_4
Welt.

10.1. 表現

全体のテーマ・レーマ進行を図示してみよう．

<u>Die Deutschen</u> <u>nennen ihren größten Fluss „Vater Rhein"</u>.①
　　T₁　　　　　　　　　　　　R₁

<u>Sie</u> <u>haben eine enge Beziehung zu diesem Strom</u>. ②
　T₁　　　　　　　　　R₂

<u>Märchen und Sagen ranken sich um</u> <u>den Rhein</u>.③
　　　　　R₃　　　　　　　　　　　　T₂

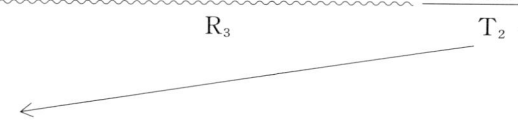

<u>Er</u> <u>ist Trinkwasserreservoir ... und die ... Großschifffahrtsstraße der</u>
T₂　　　　　　　　　　　　　　R₄
<u>Welt</u>. ④

　文①，②と③，④とでは通じてテーマが変っている．そこで，テーマの略号である T に付けた番号が①と②では 1 であるが，③と④では 2 に変る．しかし，文が①，②，③，④と変わっていくにつれて，レーマはそれぞれ新しくなっているから，レーマの略号 R に付けた番号はその都度改まって行っている．つまり，このテクストのテーマ・レーマ進行の型は，テーマは一部一定でレーマは進行につれて入れ替わるタイプである．

　会話も全体として一つのテクストである．次の先生と男生徒との会話のテーマ・レーマ進行を考察しよう．会話の場合は省略が多いので，冒頭の文以外では，テーマよりもレーマが何であるかを先に考えたほうが分かりやすい．

(13)　Lehrerin：„Heute musst du mit Hans zusammen nach Hause gehen."　(先生「今日は Hans といっしょに家へかえらなくちゃだめよ」)

Boris：„Ich kann also nicht nach Hause？"　(Borris「家へ帰っちゃだめってことだね」)

Lehrerin：„Jetzt nicht. Du musst warten, Boris."　(先生「今はだめね．待ってなくっちゃ」)

Boris: „Lange?"　（Borris「長くかかるかな」）
Leherin: „Nein. nicht lange."　（先生「いいえ，そんなに長くじゃないわ」）

このテクストのテーマ・レーマ進行は下のようになる．

Heute musst du mit Hans zusammen nach Hause gehen. ①
　T_1　　　　　　　　　　　　　　R_1

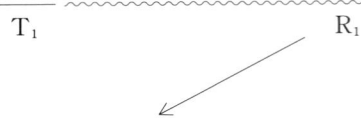

Ich kann also nicht nach Hause? ②
　　　T_2　　　　　　　R_2

(Du kannst) jetzt nicht (nach Hause gehen). ③
　　　　　　R_3　T_2

Du musst warten, Boris. ④
　　　T_2

(Muss ich) lange (warten)? ⑤
　T_2　　R_4

Nein, (du musst) nicht lange (warten). ⑥
R_5　　T_2

　先生のせりふ①のテーマは heute である．「今日」がせりふの言われた日を意味していることは誰にも分かる．その「今日」についての先生のコメントは「Boris が Hans といっしょに家へ帰らなければならない」ことであるから，これが①のレーマである．Boris は先生の言葉①の意味を理解した．だから，Boris にとって「今日，彼が Hans といっしょに家へ帰らなければならない」ことは既知の情報となった．ただ Borris は，この既知の情報を「つまり，

10.1. 表現

今日は自分はいますぐ［いつものように一人で］帰宅するわけにはゆかない」と解釈しなおした．そして，この解釈が正しいかどうか念を押す意味で問い返して②のように言っているから，②では疑問符の部分のみが彼にとって未知の情報であることになる．続く先生のせりふのうち，③の jetzt だけが Boris にとって未知の情報だと言えるので，これが③のレーマである．そして，会話のことであるから，Boris にとって既知の情報は nicht 一語に圧縮されている．④の先生の発言も③の内容を言い直したにすぎず，Boris にとっては既知の情報である．このテーマは⑤に引き継がれているが，実際には省略されて，⑤では Boris にとって未知の情報である lange だけが疑問の形で発話されている．⑥では T_2 に未知の情報 Nein, nicht lange が加わる．

この対話のテーマ・レーマ進行では，文①から文②へと進行する際に，文①のレーマが文②のテーマとなる．このことを $R_1 \to T_2$ のように書き表す．文②，③，④，⑤，⑥ではテーマは常に同じであるから，どの文でもテーマに T_2 を付けて，そのことを表す．レーマの数字はその都度改っている．

10.1.1.4. 意味の同位元素レベル

テクストは全体で一つのまとまった情報を伝えるのであるから，話題は一貫しているはずである．そして，そのことはテクストに使われた語彙に反映していると思われる．すなわち，テクストのなかでどんな語彙がとくに頻繁に現れるかを調べれば，テクストの話題と，話題についての叙述の傾向を明らかにすることができる．それは，テクストに頻繁に現れる語彙を意味的にいくつかのグループにまとめてみるとよく分かる．このように繰り返し現れる，意味的に共通する特徴を介して互いに結ばれている語彙は，意味の**同位元素レベル** semantische Isotopie-Ebene を作っているという．

年少者向けの事典の Löwenzahn の項目の説明テクストを実例として，テクストにおける意味の同位元素レベルを探してみよう．便宜のために，タイトルならびにそれぞれの文のあとに番号をつけた．

(14) Löwenzahn ① Die Wiese leuchtet gelb, denn überall wächst hier Löwenzahn. ② Dieses Unkraut ist schwer zu beseitigen.③ Lutz merkt das, als er eine der Pflanzen ausreißen will.④ In der Hand hält er nur ihre schmalen, gezackten Blätter und ein paar Stengel.⑤ Sie scheiden einen milchigen Saft aus.⑥ Die Pflanzenwur-

zel steckt noch tief im Boden. ⑦ Man nennt den Löwenzahn auch Kuhblume oder Pusterblume. ⑧ Wenn man in den kugeligen Fruchtstand pustet, reißt der Luftzug die weißgrauen Samen aus. ⑨ Wie an einem Fallschirm schweben sie davon. ⑩ Sturm kann sie tausende von Kilometer weit tragen. (MGKL) （タンポポ．野原が黄色く輝いている．それは野原のいたるところにタンポポが生えているからだ．この雑草は取り除くのがやっかいだ．Lutz はタンポポを一本引き抜こうとして，そのことに気づいた．Lutz の手に残ったのは，巾のせまいギザギザのついた葉と何本かの茎だけである．茎はミルク状の液を出す．根は地中に深く残ったままだ．タンポポのことを「牛の花」とか「息で吹く花」と言うことがある．球状の集合果に息を吹きかけると，息の力で灰白色の種子が離れる．種はパラシュートのように空中をただよって行く．嵐が種を何千キロのかなたへ運ぶことがある）

いま，下のように縦軸にタイトルはじめそれぞれの文を配置し，横軸に互いに関連する語彙のグループを配すると，同位元素のラスターができる．互いに関連する語彙のグループを意味の同位元素レベル（下の表で「同レ」と略した）という．意味の同位元素レベルは，場合によってはさらに下位区分してもよい．

同レ／文	形態	性状		呼称
		生態	性質	
①		Wiese	gelb	
②		schwer zu beseitigen		Unkraut
③				
④	schmale, gezackte Blätter/Stengel			

⑤			einen milchigen Saft ausscheiden	
⑥	Wurzel	(Wurzel)steckt tief im Boden		
⑦				Kuhblume, Pusterblume
⑧	kugeliger Fruchtstand, weißgrauer Samen	vom Luftzug ausgerissenwerden		
⑨	Fallschirm	davonschweben		
⑩		tausend von Kilometer getragen werden		

　意味の同位元素レベルをいくつ，どのようなものを設ければよいかは，テクストの内容とにらみ合わせて決めるほかない．要は，ラスターを一見すればテクストの内容の重点がどこにあるかが分かるように作ることである．語彙が数多くの同位元素レベルに散らばってしまわないで，限られた意味の同位元素レベルに集中するようであれば，それは意味の同位元素レベルの設定が上手であったからだと言うことができる．

10.1.1.5. 文学テクストと実用テクストの区分

　テクストの分類が問題にされるとき，テクストを文学テクスト literarischer Text と実用テクスト Gebrauchstext と大きく二つに分けることがある．かつては，テクストの考察と言うと，もっぱら文学作品ばかり対象にしていた．しかも，テクストにおける表現の質が優れているかどうかという規準で考察していた．しかし，近代に入って，文学テクストか実用テクストかというような区分がだんだんと意識されなくなり，あらゆる種類のテクスト

が考察の対象に取り上げられるようになった．事実，実用散文だと言ってもテクストとして特徴が乏しいわけではなく，そこには文学作品のテクストには認められる特徴が見られないというだけにすぎない．例えば，実用散文では言語上の経済性とか精密さが大切にされ，反面，情緒や比喩がほとんど放棄されてしまう点が文学テクストとの違いにすぎない．とは言っても，この違いもただちに一般化してすべての実用散文に当てはめることができるわけではなく，美術史の記述などのように，具象性や生き生きとした描写が必要とされる実用散文の分野も存在する．結局は，テクストに期待されているはたらきがテクストにおける表現の特徴を作り出すのである．そして，仮にテクストについて価値判断を下すとしても，テクストが期待されているはたらきを果たしているかどうかが判断の前提となるだけである．それゆえ，文学テクストか実用テクストかというような区分が意識されなくなるのと平行して，表現の優劣を云々する傾向が後退し，もっぱらテクストに期待されるはたらきから見た特徴を追求することが研究の主眼になっていったのは当然であった．

　文学の分野では，かなり以前からジャンル別に表現様式が異なるということが言われてきた．ジャンル特有の要請はいわば規範であり，それらに応じてテクストに特徴的な表現様式が生まれたからである．例えば，ドラマにおける対話形式，抒情詩における分かち書き，バラードにおける語りの部分と語り手の部分の区別など．もっとも，これらの規範的要請はテクストに総体としてジャンル別特徴を与えるに止まり，個々の作品のテクストの細部は個人の表現様式や表現内容の影響を受けて，あくまでも多種多様である．

　一方，非文学テクストについても，近来はテクストの研究が進んだ結果，テクストがコミュニケーション状況に応じて特有の型を備えていること，および，内容や目的による制約を受けた形式構造が存在することが認められるようになった．このような特有の型および形式構造を区分するためのテクスト言語学の術語が**テクストの種類** Textsorte である．非文学テクスト，つまり実用散文も状況や意図や語用論的な条件に応じてさまざまなテクストの種類に分類される．

　非文学テクストでは，形式構造のうちとくに外的な構成が慣習になっているのが普通である．例えば，手紙なら，冒頭の呼びかけの形式や結びの言葉が決まっているし，公的な書簡になればなるほど，そのほかにも外的な構成

10.1. 表現

に関する約束事が多くなる．履歴書の書き方にも型があるし，掲示類にも書式に規則性が認められる．論述文も章や節に分けて書くのが普通である．会則や約款，条例，法律に至っては型ができあがっている．もっとも，小説なら章や節に分けられるし，ドラマなら幕や場に分けられるから，外的な構成に関して文学テクストなら約束事がまったくないというわけではない．

実用散文では，テクストの外的な構成と連携して，通例，内的な構成がそれぞれの目的によって決まっている．したがって，書き手に文学テクストにおけるほど表現様式を選択する自由の巾が認められていない．例えば申請書なら，まず申請する用件を述べ，次に申請する理由を述べるのが順序である．そのうえ，実用散文の特定のテクストの種類では表現様式を形成する原理や指針が束縛力を持っている場合すらありうる．例えば，電報の電文がそうである．できるだけ短く，しかもできるだけ的確に情報を伝えることが表現様式を形成する原理や指針として徹底した結果，一見して電報であると分かる表現様式が確立している．

(15) Ankomme Samstag 16 Uhr Frankfurt Hauptbahnhof （ドヨウビ 一六ジ　フランクフルトチュウオウツク）

文学テクストでは，とくに筋を持った**物語テクスト** Erzähltext では，時間の経過に沿って語られる単調さを破るために，構成にいろいろなバリエーションが考え出された．そのため，テクストの流れが，挿入，新段落の設定，回顧，反省，先取り，送り手のコメントなどによって中断されることがある．このような内的構成の工夫と平行して，叙述の様式にもさまざまな工夫が加えられた（→10.1.9.）．テクストの内的構成の動因はテクストの内容そのものの中にあり，内容から規定されているのが普通である．それゆえ，テクスト内的構成はテクストを分析し解釈してはじめて明らかにすることができる．部分と全体の関係も，同じように内的構成を明らかにすることによって突き止めることができる．また，語りのテクストとドラマのテクストでは，前進的・積み上げ型のテクスト構成と回顧的・分析的テクスト構成が区別されることがある．しかし，文学テクストの内的構成のタイプに関する研究は実際にはきわめて多岐にわたっていて，個々に述べることはできない．G. Freytag はじめ，E. Lämmert, H. Lausberg, V. Klotz, G. Müller などの名だけを挙げておく．

以下では文学テクストも実用テクストも，テクストとしては区別しないで

平等に考察の対象として扱うことにしたい．

10.1.2. コミュニケーション

10.1.2.1. 行為と行動

　テクストという用語がすでにコミュニケーションの視点を含んでいる．会話をテクストのなかに含めること一つ取り上げても，それが分かるし，テクストのテーマ・レーマ分節も根本に情報の伝達という観点がある．

　コミュニケーションという用語も一般的になってしまい，常識のように使われているが，ややくわしい説明を求められると，つまってしまう．コミュニケーションの意味を考えるには，まず**行動** Verhalten と**行為** Handlung を区別することが大切である．行動は人間が行う一切の活動の総称である．行動のうち意図 Intention に基づくものだけを分けて，これを行為と呼ぶ．眠くなったから眠るとか，思わずくしゃみが出てしまうなどは，まったく意図と関係がないから，行動と呼んでよい．けれども，ひとり庭に穴を掘るのは，例えばごみを埋めるという意図があって掘るのだとしたら，行為と呼ばなければならない．

　人が行為するとき，パートナーがある場合とない場合がある．パートナーがある場合を特に分けて，**相互作用** Interaktion と呼ぶ．廊下で人と行き違い，譲り合って行き違ったとすれば，これは相互作用である．譲り合わなくても，相手の存在を互いに意識すれば，例えば目と目をじ

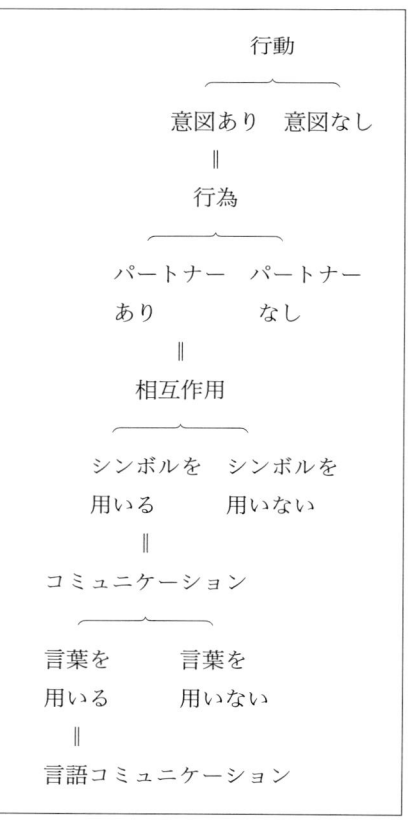

っと見合っても，ちらと互いに見合っても，相互作用である．

　相互作用のうち，シンボルを用いるものだけを分けてコミュニケーション Kommunikation という．

　シンボルは記号の一種で，その意味は社会的な約束事のうえに成り立っている．例えば，お辞儀や敬礼は敬意という意味を伝える文化圏ではシンボルであり，文化圏によっては質問に対してうなずくことは肯定を意味し，頭を横に振ることは否定を意味する．しかし，廊下で人と行き違う際に，互いににっこり笑い会釈し合うのはシンボルを用いない相互作用である．

　言葉は記号のうちでもっとも有力な記号であるから，言葉を用いるコミュニケーションだけをとくに取出して言語コミュニケーション verbale/sprachliche Kommunikation という．

　一般に，コミュニケーションという用語は広く相互作用と同等の意味で用いられることもあるし，狭く言語コミュニケーションの意味でも使われるので，文脈によって意味を判断しなければならない．ともあれ，ここでは「コミュニケーション」は「パートナーを伴った，シンボルを用いる，意図のある行動」と定義しておく．

10.1.2.2.　送り手と受け手

　コミュニケーションを上のように定義するとき，シンボルを用いて交換されるのはメッセージである．そして，パートナーはそのつどメッセージの**送り手** Sender となり，**受け手** Empfänger となる．メッセージが言語メッセージのときに限って，送り手は**話し手** Sprecher/**書き手** Schreiber，受け手は**聞き手** Hörer/**読み手** Leser とより具体的に呼ばれることがある．メッセージが言語メッセージではなくて身体的メッセージのときは，しぐさや身振り，目つきなどのようにメッセージとしての意味が社会的にある程度合意されているか，あるいは非常に高い程度に合意されている場合と，そうでない場合とは区別される．前者の場合は，メッセージの意味はパートナーによって問題なく理解されるけれども，後者の場合は，意味が理解されない場合がしばしばありうるばかりでなく，メッセージそのものが否定される場合すらありうる．

　コミュニケーションにおけるパートナーを送り手/受け手と呼ぶことは，一般コミュニケーション理論を唱えた Shannon / Weaber から始まった．二人

がコミュニケーションのモデルを作るにあたって，電信によるメッセージの交換を想定したからである．しかし，ここではそのことと関係なく，話し手/書き手ならびに聞き手/読み手の上位概念として送り手/受け手を使おうと思う．

10.1.2.3. コンテクスト

　テクスト Text がラテン語から由来しているように，**コンテクスト** Kontext も「（発話の）密接な結びつき/発話のつながり」を意味するラテン語の con-textus から由来している．そして，言語学では「言語単位を取り囲んでいるテクストの環境」の意味で使われる．すでに見たとおり，言語単位として音声と音素，形態素と単語，文肢と文が考えられるのであるから，テクストに含まれるこれらの言語単位を取り囲んでいる環境がコンテクストである．ただ，言語単位を「取り囲んでいる」と言っても，テクストのどこからどこまでの部分を指すのかは場合によってそれぞれに異なる．問題の言語単位のごく周辺だけを指す場合もあれば，テクスト全体がコンテクストである場合もある．パラグラフが問題になっている場合は，そのパラグラフに隣接するパラグラフがコンテクストである場合もあるし，テクスト全体がコンテクストである場合も考えられる．言語学ではコンテクストが**言語的コンテクスト** sprachlicher Kontext と呼ばれることがある．

　コミュニケーション理論で言うコンテクストは，言語的コンテクストに比べて，はるかに幅広い概念である．これには，発話を理解するのに組織的な決定力を持っている，コミュニケーション状況に関係があるあらゆる要素が含まれる．それゆえ，言語的コンテクストがもちろん含まれるほかに，身ぶり・手ぶり・しぐさのような非言語的なコンテクストや，その場の状況のような送り手と受け手が直面しているコンテクストや，送り手と受け手のあいだの関係・彼らの知識とものの考え方のあいだの関係のような社会的コンテクストはすべて，コミュニケーション理論で言うコンテクストである．この包括的なコンテクストは，言語的コンテクストに対して，**場面的コンテクスト** situativer Kontext と呼ばれることがある．すべての発話は，場面的コンテクストの内部で行われるから，発話の意味を正しく理解するには場面的コンテクストを無視することができない．唐突であるとか，不適切であるとか，不自然であるとか感じられる発話であっても，それが発せられた場面的コン

テクストを考えに入れてみると，唐突であるとも，不適切であるとも，不自然であるとも感じられなくなるものである．

10.1.3. テクストと記述

10.1.3.1. Ich-Jetzt-Hier-Origo とパースペクティブ

人間は，言葉を使って何か発話しようとすると，ドイツ語の場合なら自分自身を ich と呼んでしまう．同時に，自分が発話している時点を jetzt と呼び，自分が発話時点で存在している地点を hier と言い表してしまう．Ich が決まれば，相手は du/Sie で呼ばれるし，時間の流れも jetzt を境にしてそれ以前は過去とみなされ，それ以後は未来として捉えられる．副詞 hier がどこを指すかが決まっているからこそ，da も dort も意味を持つ．つまり，ich と jetzt と hier は，人間がドイツ語を使って何かを述べるときの基点となる．数学のグラフで言えば，ゼロで示される X 軸と Y 軸の交点，つまり原点にあたる．この言語記述の中心を **Ich-Jetzt-Hier-Origo** と呼ぶ．Origo はラテン語の origô の借用で，「起源」を意味する．Karl Bühler (1879-1963) という心理学者が著書 *Sprachtheorie* (1934) のなかでこの考え方を唱えた．

J. W. v. Goethe の *Faust* の主人公 Faust は，老いた姿で書斎にいて，次のように嘆く．

(16) Habe nun, ach！Philosophie, /Juristerei und Medizin, /Und leider auch Theologie /Durchaus studiert, mit heißem Bemühn. /Da steh' ich nun, ich armer Tor！（さて私は，ああ，哲学，法学，そして医学，また，悲しいかな 神学も/徹底的に，燃えるような努力でもって学ん だ./そうして，今，ここに立っている．あわれな愚か者の私よ）

第 5 行目の二つの ich ならびに冒頭に省かれた (ich) は，いずれも発話者 Faust 自身である．現在形 steh(e) が，このせりふの発話された時点が発話者 Faust にとっての現在であることを示し，hier の意味で使われた第 5 行目の da が，Faust が発話時点で存在している地点，すなわち彼の書斎を指している．また，第 1 行目の habe と第 4 行目の studiert で作られた現在完了形は，studieren という行為が Faust の発話時点の現在を基準にした過去において行われたことを示している．

この Faust の独白はテクストである（実はもっと続くので，引用したのは正確にはテクスト部分と呼ばなければならないのだが，煩雑さを避けて，テクストと呼んでおく）。Faust は Goethe が書いた文学作品である *Faust* の登場人物であるから，これまで使ってきた意味の送り手とは Goethe のことであるが，ドラマはせりふのやりとりで出来ているので，それぞれのせりふの話し手もまた，そのせりふに限って送り手であると言わなければならない。引用した Faust の独白の部分について言えば，Faust がこのテクストの送り手である。そして，テクストは Faust の立場から述べられている。つまり，一生を学問に費やして老齢に達した Faust が自分の人生を回顧している。このことをテクストが登場人物のパースペクティブから述べられていると言う。

　それでは，Ich-Jetzt-Hier-Origo とパースペクティブとはどのような関係にあるのだろうか。**パースペクティブ** Perspektive は「視点/観点」と訳され，「テクストが持つ，空間的・時間的・人的・思考的視線方向」と定義される (Krahl/Kurz)。いま改めて Faust をテクストの送り手と呼ぶと，送り手 Faust にとっての空間的・時間的・人的視線方向の起点は，彼自身の Ich-Jetzt-Hier-Origo である。テクストには hier という語は見あたらないけれども，hier の意味で使われた da が見つかるから，送り手 Faust の空間的視線方向は発話時点で彼が存在している地点である書斎に向けられていると考えられる。これに対して，テクストには stehe という現在形のほかに habe studiert という現在完了形が見られることから，送り手 Faust の時間的視線方向は現在からさらに過去へと向かって伸びていることが見て取れる。他方，送り手 Faust の人的視線方向はもっぱら自分自身に向けられていると言わなければならない。テクストのどこにも 2 人称の代名詞 du/ihr/Sie や 3 人称の人物が見あたらないからである。独白であるから，これは自然な現象であろう。思考的視線方向とは，テクストに反映している送り手の発話時点における感情や情緒のあり方，あるいは，テクストの内容に対する送り手の判断や感想をいう。思考的視線方向だけは Ich-Jetzt-Hier-Origo に関係がない。Faust の独白のなかに彼の思考的視線方の目印になる表現を見つけるとしたら，それは間投詞の ach と ich armer Tor という自身に対する呼びかけであろう。これらの言語手段は，送り手 Faust の思考的視線方が自分自身に向けられていることを示している。

10.1. 表現

10.1.3.2. 指呼と文法手段

　言語を使って記述するとき，記述は送り手を中心にして行われる．そのことは Ich-Jetzt-Hier-Origo に含まれている一人称単数１格の ich，時の副詞 hier，場所の副詞 jetzt を見れば明らかである．つまり，これらの人称代名詞や副詞には発話・伝達状況における人称や時間や空間における位置を定める機能が備わっている．この機能を**指呼** Deixis という．それゆえ，さらに分ければ，人的指呼 personale Deixis，空間的指呼 lokale Deixis，時間的指呼 temporale Deixis がそれぞれに存在するわけである．

　人的指呼を表すための文法手段は人称の体系である．この体系の本質は，テクストの送り手を１人称とし，受け手を２人称として，送り手と受け手以外の指示対象を３人称とする点にある．指示対象を３人称とする場合には，所有代名詞と指示代名詞の体系が加わる．時間的指呼は，主として時称/テンスの体系によって実現される．すなわち，現在と過去の単純時称，未来ならびに現在完了，過去完了，未来完了の複合時称を合わせた６時称の形式がそのはたらきを担っている．しかし，jetzt をはじめとして，heute, morgen, gestern，あるいは damals や fortan，また bisher, immer, davor，それに morgens, tags, abends など，数多くの時の副詞もまた時間的指呼の実現を助けている．空間的指呼の主な担い手は場所の副詞ならびに場所の前置詞である．副詞ならば，hier をはじめとして da, dort は言うに及ばず，darin, darauf, darüben など da- で始まる副詞群，dieseits や jenseits，さらに，方向を表す daher, dorther, dahin, dorthin, aufwärts, abwärts，そして herein, hinein など．また，動詞に添えて方向を表す接頭辞の hin- と her- など，多彩な言語手段が空間的指呼の実現を助けている．

10.1.3.3. 指呼的パースペクティブと内在的パースペクティブ

　これまでの記述では，話されたテクストにせよ書かれたテクストにせよ，テクストにはパースペクティブというものがあって，パースペクティブの起点は必ず送り手であった．そして，パースペクティブを固定する言語手段のはたらきを指呼と呼んだ．そこで，送り手を起点とするパースペクティブは，**指呼的パースペクティブ** deiktische Perspektive と呼ぶことができる．

　しかし，パースペクティブはいつも指呼的パースペクティブであるとは限らない．例えば，場所の副詞 rechts あるいは links は，送り手から見た「右

手」あるいは「左手」も表すほかに，受け手から見た「右手」あるいは「左手」も表すし，送り手でも受け手でもなくて対象そのものから見た「右手」あるいは「左手」をも表す．例えば，上着やシャツの「右」袖と呼ばれる部分は上着やシャツ自体の右側に付いている袖であって，送り手や受け手から見た右側とは関係がない．場所の副詞 vorn と hinten についても同じことが言える．これらの副詞は送り手から見た「前」あるいは「うしろ」も表すが，受け手を中心にして「前」あるいは「後」も表すし，送り手でも受け手でもなくて対象そのものから見た「前」あるいは「後」をも表す．前置詞の vor と hinter についても同じことが言える．建物としての市庁舎の玄関がある側は「前」であり，裏口の側は「うしろ」である．自動車の進行方向からすればハンドルが「前」．ドライバーの座席はそれの「うしろ」である．

(17) Sie müssen *vor* dem Rathaus aussteigen. （市庁舎のまえで降りなければいけませんよ）

(18) Der Fahrer saß shon *hinter* dem Lenkrad. （ドライバーはもうハンドルに向かって座席についていた）

このような rechts と links，あるいは vor/vorn と hinter/hinten が表すパースペクティブは対象そのものに本来的に備わっていると考えられるので，これを**内在的パースペクティブ** intrinsische Perspektive と呼ぶ．

指呼的パースペクティブと内在的パースペクティブは同一のテクストのなかに混じって現れる．テクストが指呼的パースペクティブによって作られている場合は，受け手は自分も指呼的パースペクティブの起点に立つことによってテクストを理解する．これまでに説明した限りでは，テクストはきまって送り手の指呼的パースペクティブにしたがって記述されるのであるから，受け手は送り手とパースペクティブを共にすることによってテクストを理解すると言えるのである．

10.1.3.4. 現場指示，文脈指示，観念指示

Karl Bühler は指呼に関して重要な区分をしている．この区分はテクストの構造を分析する際に非常に重要な役割をはたすので，ここで指示についての三つの区分を説明しておきたい．

指呼の起点は Ich-Jetzt-Hier-Origo であるが，そのことは，指示する人物が指示の現場に居合わせていることを意味している．指示の現場に居合わせな

10.1. 表　　現

い人物が自分が発話時に居る場所を hier と呼べるはずはないからである．Hier と言って指す以上，その人物はかならずそこに居合わせている．例えば，大切なライターを落としてあわてている夫妻に劇場の従業員が手に持ったライターを示しながら問うときの言葉に hier が使われている．副詞 hier は送り手の手の内を指している．そして，受け手である夫妻も現場に居合わせている．

(19)　„Suchen Sie die Herrschaften dies *hier*？"　（「お探しものはこれじゃございませんか」）

あるいは，次のような二人の対話でも指示がいろいろ使われているが，どの指示も，もっぱらその場に居合わせる送り手あるいは受け手，あるいはその場に存在する対象に関係している．

(20)　A：„Ist *das deine* Familie？"　（「これが君の家族かい」）
　　　B：„Ja. *Hier, das* ist *mein* Vater."　（「そうよ．ほら，これが父よ」）

いきなり指示代名詞 das が使われているのは，送り手も受け手も指示の現場にある指示対象をともに認知しているからである．送り手 B は，hier という副詞で写真のなかの父を指している．所有代名詞の dein は受け手 B が送り手 A の目の前にいるからこそ使うことができた．

むろん，指示しようとする場所が送り手から遠く離れている場合は dort で指される．恋人二人が野原にいて，はるか頭上の天空に舞い上がっているヒバリを指している場面では，天空の彼方は dort で指されている．

(21)　„Siehst du, *dort* blitzt eine？"　（「そら，見えるだろう．あそこに一つ光っている」）

副詞 dort がどこを指すかは，現場に居合わせる恋人二人にはよく分かっている．

ドイツ語では，送り手にも受け手にも見えている指示対象にはいきなり定冠詞をつける．

(22)　„*Der* Tee riecht nach Lauch！"　（「少し葱臭いな．このお茶」）

送り手は茶碗を手に持ち，まさに茶を飲もうとして茶の香りに混じる葱の臭いをかぎつけた．そこで，茶を運んできて，まだそこに立っている受け手に向かってこのテクストを発したのである．

あるいは，送り手にも受け手にも見えている指示対象が人物である場合は，その人物をいきなり人称代名詞で指してもかまわないことになっている．

― 21 ―

(23) „Ja, richtig, *sie* wohnt im Gasthof ‚Zur Ewigen Freude'!" (「やあ、この人は　永楽荘のお客さんだ」)

このように送り手も受け手も指示の現場に居合わせて、なおかつ指示対象を送り手も受け手も認知しているような指示形態を**現場指示** situative Deixis と呼ぶ。

しかし、小説の一節である次のテクストにおける指示は現場指示とは異なっている。

(24) Tante Emily starb ein Jahr nach ihrem Mann. Woran *sie* starb, war nicht festzustellen. （エミリーおばさんは夫の死後一年して亡くなった。おばさんが何が原因で亡くなったのか、つきとめようもない）

ここで使われた人称代名詞 sie は、先行する文のなかの Tante Emily を指している。このように指示対象がテクストのなかに存在する場合を**文脈指示** anaphorische Deixis という。

この例では人称代名詞が名詞を指しているが、次のように先行する文の内容を指すこともある。

(25) „Sie wissen Bescheid? *Das* erstaunt mich." (「よく御存知だな。これは　おどろいた」)

指示対象がテクストのなかに存在すると言っても、上の二例のように必ず同一のテクストのなかに存在する必要はない。会話の場合などでは、相手の発話のなかに指示対象が存在する場合がしばしば起こる。

(26) A:„Wann fahren Sie eigentlich nach Osaka?" (「いったい何時(いつ)大阪へ行かれるのですか)

B:„*Das* weiß ich noch nicht. Vielleicht am Dienstagabend."（「それはまだ分かりません。たぶん、火曜日の夜になるでしょう」)

この例では、B のせりふのなかにある das は A のせりふの内容全体を指している。Sie は、むろん、ich と読み替えられている。

指示の形態には、現場指示でもなく文脈指示でもない指示がある。それは、指示対象が送り手の頭のなかにしかない場合の指示である。実例を挙げよう。西洋浦島として知られる Rip van Winkle の場合である。猟師の Rip は、ある日山へ猟にでかけ、奇妙な集団に出会う。彼らの宴会の給仕をさせられた Rip は、盗み酒をしてぐっすりと寝込んでしまう。目覚めると、彼はひとり緑

の丘のうえに寝ころんでいるのだった．彼の意識では，どうやら一晩ぐっすり眠ってしまったらしい(実際には何十年と経っている)．どうしてこんな始末になってしまったんだろう．彼は経過を思い起こして，次のように心のなかで言う．

(27) „Oh, *diese* Flasche! *Diese* schlimme Flasche" dachte Rip. ――
(「ああ，あの酒瓶．あいつが怪しからんのだ」とリップは思った[吉田甲子太郎訳])

「あの酒瓶」と言われても，その酒瓶は聞き手の目の届くところにあるわけではない．送り手である Rip の頭のなか，つまり彼の観念のなかにあるにすぎない．このように，指示対象が送り手の観念のなかにしかない場合の指示形態を**観念指示** imaginative Deixis という．観念指示は別に夢のなかの指示対象を指す場合に限るわけではない．日常の会話でも，送り手は自分の体験か見聞を語るのに，「こんな話があるのだが」と言って話を切り出す．「こんな」と言って指している話は，発話時点では送り手の「頭のなか」にある．

10.1.3.5. パースペクティブの実例

Kinderduden のテクストを引用してパースペクティブ，すなわち「テクストが持つ，空間的・時間的・人的・思考的視線方向」が具体的にはどのように言語的に実現されているかを検討しよう．テクストはイラストの説明である．

まず，テクストに含まれるすべての文に順番に番号をつけ，日本語になおしてみる．

(28) ①Zweiundzwanzig Kinder sind in Monikas Klasse. （Monika のクラスには生徒が22人います）
②Du kannst sie nur nicht alle auf dem Bild sehen. （ただし，イラストには全員が描かれているわけではありません）
③Wieviele sitzen da wohl noch in der hinteren Reihe？ （いちばん後ろの列にはあと何人座っているのでしょうか）
④Und vorn rechts im Bild ist ein leerer Stuhl. （そして，イラストの手前右端には空席があります）
⑤Das ist wohl der Platz von Uwe, der gerade zur Tür hereinkommt. （それはきっと今ちょうどドアから入って来る Uwe の席でしょう）

表現・文体

10.1. 表現

⑥Er sieht noch ganz verschlafen aus. （彼はまだ眠たそうな顔つきです）

⑦Er hat eine Flöte in der Hand. （彼は手にリコーダーを持っています）

⑧Er soll heute den anderen Kindern etwas vorspielen. （彼は今日クラスのみんなに何か演奏して聞かせることになっているのです）

⑨Die Kinder sitzen vor ihren Tischen und schreiben einen Spruch von der Wandtafel ab. （子供たちは机にむかって黒板の言葉を写しています）

⑩Der Lehrer hat vorher gesagt: „Schreibt den Spruch von der Tafel ab. Paßt gut auf, denn zwei Wörter sind nicht ganz ausgeschrieben. Die fehlenden Buchstaben müßt ihr allein finden." （先生はさっきこう言いました．「黒板の言葉を写しなさい．でもよく注意するんですよ．単語のうち二つはおしまいの字をいくつかわざと抜かしてありますからね．抜けている字はみんなが自分で補うのですよ」）

⑪Nun überlegen sie alle. （そこでみんなは今考えているところです）

⑫Ob das wohl schwer ist？ （ひょっとしてそれはむつかしい課題なのでしょうか）

⑬Monika sitzt hinten an der Wand, （Monika は奥の壁際の席に座っています）

⑭Ich glaube, sie ist schon fertig mit dem Schreiben, denn jetzt meldet sie sich gerade. （Monika はもう写し終わったのではないでしょうか．今ちょうど手を挙げていますから）

⑮Einige Kinder denken noch nach. （子供たちの何人かはまだ考えています）

⑯Hast du schon gemerkt, welche Buchstaben an der Wandtafel fehlen？ （黒板に何という字が抜けているかもう分かりましたか）

まず，このテクストが送り手である筆者の Ich-Jetzt-Hier-Origo を起点と

する指呼的パースペクティブによって書かれていることを確認できる記述をテクストのなかから探し出すとしよう．まず，ich はテクストの⑭*Ich glaube, sie ist schon fertig mit dem Schreiben, denn jetzt meldet sie sich gerade.* (Monika はもう写し終わったのではないでしょうか．今ちょうど手を挙げていますから）に現れている．そして，この ich を起点としてテクストの人的視線方向は②ならびに⑯に含まれる du へと伸びている．Du で指されているのはこのテクストの読者である．Jetzt はおなじく⑭に現れている．そして，この jetzt を起点としてテクストが持つ時間的視線方向はほとんど終始現在に向けられている．そのことは，⑩と⑯を除くすべての文がすべて現在形のテンスで書かれていることに現れている．しかし，⑩Der Lehrer *hat vorher gesagt*: ... （先生はさっきこう言いました．「…」）においては過去に向けられているし，⑯*Hast* du schon *gemerkt*, welche Buchstaben an der Wandtafel fehlen? （黒板に何という字が抜けているかもう分かりましたか）では jetzt を基準として受け手の行為が完了したかどうかが尋ねられている．

他方，このテクストに hier は言葉としては現れていない．ただ，④ Und vorn *rechts* im Bild ist ein leerer Stuhl. （そして，イラストの手前右端には空席があります）に含まれる rechts は，送り手の内在的なパースペクティブを基準としているから，そのことは観察者としての ich の存在を裏書きするとともに，描写の空間的指呼の起点が hier であることの間接証拠になっている．と同時に，④ Und *vorn* rechts im Bild ist ein leerer Stuhl.は⑬ Monika sitzt *hinten* an der Wand. (Monika は奥の壁際の席に座っています）とともに，テクストが持つ空間的視線方向が暗示的な hier を起点として画面の手前から奥へ向かって伸びて行っていることを示している．

それでは，テクストが持つ思考的視線方向はどこに認められるであろうか．最も端的に思考的視線方向を表していると言えるのは，⑭*Ich glaube, sie ist schon fertig mit dem Schreiben, denn jetzt meldet sie sich gerade.* (Monika はもう写し終わったのではないでしょうか．今ちょうど手を挙げていますから）である．ここに含まれた ich glaube と，送り手の判断理由を表す接続詞 denn は，送り手を起点とする思考的視線方向を明示的に示す言語手段である．また，疑問文そのものが送り手を起点とする思考的視線方向を表す形式であるから，③ Wieviele sitzen da *wohl* noch in der hinteren Reihe? （いちばん後ろの列には何人座っているのでしょうか），⑫Ob das *wohl* schwer ist？（ひょっとしてそれはむつかしい課題なのでしょうか）ならびに⑯Hast du schon gemerkt, welche Buchstaben an der Wandtafel fehlen？（黒板に何という字が抜けているかもう分かりましたか）がそれに該当するほか，③と⑫に含まれた送り手の推測を表す副詞 wohl も，⑤ Das ist *wohl* der Platz von Uwe, der gerade zur Tür hereinkommt.（それはきっと今ちょうどドアから入って来る Uwe の席でしょう）の wohl とともに，送り手を起点とする思考的視線方向を認めさせる手がかりになっている．

　さて，こうしてテクスト(20)には送り手の指呼的パースペクティブが支配的であることが明らかになったが，しかし指呼的パースペクティブが全面的にテクストを支配しているわけではない．すでに見た④ Und vorn *rechts* im Bild ist ein leerer Stuhl.（そして，イラストの手前右端には空席があります）の rechts が送り手に内在的なパースペクティブによっていたように，③ Wieviele sitzen da wohl noch in der *hinteren* Reihe？（いちばん後ろの列にはあと何人座っているのでしょうか）の hinter は教室という客体に内在的な「後ろ」であって，送り手にとっての「後ろ」ではない．すなわち，文③は教室に内在的なパースペクティブによって書かれている．同じように，⑨ Die Kinder sitzen *vor* ihren Tischen und schreiben einen Spruch von der Wandtafel ab.（子供たちは机にむかって黒板の言葉を写しています）の vor も子供たちに内在するパースペクティブから選ばれた vor であって，送り手にとっての vor ではない．

10.1.4.　文とテクスト

10.1.4.1.　文の長さと文の種類

　文の長さを測るときの単位はいくつか考えられる．書かれたテクストの場合は，文に含まれる字数，あるいは綴りの数，あるいは単語の数，あるいは文肢の数を単位にできる．ここで単語と呼ぶのは，前後が間隙で区切られたテクストの単位である．話されたテクストの長さをこれらの単位で測るためには，いったん書き取らなければならない．

　Hans Eggers は，書かれたテクストに含まれる単語の数を手がかりにして統計を作った．そして，現代の書き言葉と古い時代の書き言葉を比較した．単純化して言えば，一つの文のなかに含まれる単語の数が多ければ，それは

長い文であり，含まれる単語の数が少なければ，それは短い文である．
（表1）

文中の単語の数	現代の筆者			古い時代の筆者				
	rde	FAZ	小計	Lessing	Herder	Schiller	Goethe	小計
1- 8	8.07	9.58	8.82%	8.7	13.0	2.6	4.4	7.18%
9-28	60.49	66.78	63.64	57.2	44.6	57.3	47.8	51.74
29-48	25.02	20.65	22.84	23.9	27.8	34.1	29.8	28.76
49-68	5.10	2.61	3.85	7.0	9.8	5.1	12.7	8.76
それ以上	1.32	0.38	0.85	3.2	4.8	0.9	5.3	3.56

　ここで rde とは rowohlts deutsche enzyklopädie（Rowohlt 社百科全書）の略，FAZ はドイツの全国紙 *Frankfurter Allgemeine Zeitung* の略である．Eggers は標準的な現代の実用散文の代表としてこれらを資料源とした．現代の筆者においても古い時代の筆者においても，第1位が9-28語の文，第2位が29-48語の文であるのは変わらないが，9-28語の文では現代の筆者のパーセンテージが高く，29-48語の文では古い時代の筆者のパーセンテージが高い点が異なっている．49-68語の文や「それ以上」についても古い時代の筆者の方がパーセンテージが高い．つまり，現代の実用散文は比較的短い文を好み，古い時代の文学作品は比較的長い文を好むことをこの表から見て取ることができる．

　このような文の長さの変遷は文の種類とも関連していることが予想される．Eggers は上と同じ対象について，文の種類による統計も試みている．

　「不完全文」は，Eggers によると「とくに動詞の述語も，たいていは主語も欠けている文法的に完全でない」表現で，例えば „Kein Problem!" など．単一文は，副文や不定詞句を含まない主文だけで成り立っている文．重文は二つあるいは二つ以上の単一文が並列的に接続された文をいう．付結文は主文のほかに少なくとも一つの副文あるいは不定詞句を含む文を指す（→1.2.32.）．ここでも現代の筆者と古い時代の筆者の好みははっきりと分かれてい

10.1. 表現

(表2)

	現代の筆者			古い時代の筆者				
	rde	FAZ	平均	Lessing	Herder	Schiller	Goethe	平均
不完全文	3	3	3	9	18	1	1	7
単一文	40	46	43	26	26	23	21	24
重　文	6	4	5	4	6	12	12	9
付結文	51	47	49	61	50	64	66	60

る．現代の筆者が単一文と付結文をほぼ同じ程度に好むと言えるのに反して，古い時代の筆者ははっきりと付結文を最も好んでいる．

10.1.4.2. 長い文と短い文

現代ドイツ語の実用散文が古い時代の文学作品以上に9-28語の文を好んでいることが（表1）から分かった．一方，（表2）からは現代ドイツ語の実用散文が単一文を，古い時代の文学作品に較べて，はるかに好んでいることが明らかである．この二つの事実から，現代ドイツ語の実用散文における単一文が古い時代の文学作品の文に比べて長くなっているということは推測できる（むろん，9-28語の文のすべてが単一文であると言い切れないのは言うまでもないが）．比較的長い単一文とは，例えば次のような文である．

(29) Das Gerät arbeitet vom Wassereinlauf bis zum Schleudern der Wäsche und der Wasserentleerung vollautomatisch.（本機は，水の注入から洗濯物の脱水ならびに排水に至るまでを全自動でやってのける）

この文は主語 das Gerät と述語動詞 arbeitet だけを必須の文成分とする．残りはすべて自由な添加語（→1.1.4.）である．そして，自由な添加語 vom *Wassereinlauf* と bis zum *Schleudern der Wäsche und der Wasserentleerung* のそれぞれイタリック体の部分が内容的には文に匹敵する語あるいは語句である．したがって，例(28)は単一文であるとはいえ，副文をしたがえているのと同等の情報を伝えている．現代ドイツ語の実用散文にはこのよう

な情報の「圧縮」が認められる．第II部の「文体」のところで，ふたたび考察することにしよう（→10.2.8.2.3.）．

　（表2）から現代ドイツ語の実用散文が古い時代の文学作品に劣らず付結文を好むことが分かった．一般に，いくつかの情報を一つの文にまとめようとすれば，情報を複数の部分文 Teilsatz に分けて収めなければならないが，この目的を容易に達成させてくれるのが付結文である．付結文なら一つの主文と，一つないしは一つ以上の副文あるいは不定詞句から成り立つからである．副文と不定詞句は文肢に相当するから，状況や心理を詳しく説明したい作家は付結文を好む傾向がある．けれども，同じ Eggers の研究から，論理的な従属を表す副文は副文全体の10%に満たないことが明らかになっている（Eggers, H.: *Deutsche Sprache im 20. Jahrhundert*）．すなわち，現代ドイツ語の実用散文における付結文に含まれる副文はいまや平板化して，例えば例(29)や(30)のように，関係文や dass 文が大勢を占めているのである．もっとも関係文は古い時代の文学作品においても現代と同じようにかなりの比率を占めていたが．

(30) Mein Kochgerät hat einen Reflektor, der die Hitze zurückstrahlt und dadurch den Wirkungsgrad erhöht. （私の炊飯器には反射板が付いていて，これが熱を反射し効率を高める）

(31) Die Erzieherin erkennt, daß das Anliegen wichtig ist, und handelt danach. （その教育係は用件が大切であることが分かって，それに従って行動する）

「短い文」は，「長い文」と対照的に使われてこそ効果を発揮すると言える．Goethe の *Die Leiden des jungen Werthers* の末尾はそのよい例であろう．

(32) Der alte Amtmann kam auf die Nachricht hereingesprengt, er küßte den Sterbenden unter den heißesten Tränen. Seine ältesten Söhne kamen bald nach ihm zu Fuße, sie fielen neben dem Bette nieder im Ausdrucke des unbändigsten Schmerzens, küßten ihm die Hände und den Mund, und der älteste, den er immer am meisten geliebt, hing an seinen Lippen, bis er verschieden war und man den Knaben mit Gewalt wegriß. Um zwölfe mittags starb er. Die Gegenwart des Amtmannes und seine Anstalten tuschten einen Auflauf. Nachts gegen Eilfe ließ er ihn an die

Stätte begraben, die er sich erwählt hatte. Der Alte folgte und die Söhne, Albert vermochte's nicht. Man fürchtete für Lottes Leben. Handwerker trugen ihn. Kein Geistlicher hat ihn begleitet.

（老郡長官は知らせを聞いて馬で駆けつけてきた．彼は，涙ながらに Werther に接吻した．やがて上の子供たちもあとから徒歩でやってきて，悲痛な気持ちもあらわにベッドの脇にひざまずき，Werther の手と口に接吻した．Werther がいちばん可愛がっていた長男などは，Werther が息を引き取るまで唇から離れず，とうとう無理矢理引き離されたのだった．ちょうど正午に Werther の命はつきた．老郡長官がいて，なにかと気を配ったので，人だかりするのは避けられた．夜の11時ごろ，老郡長官は遺骸を故人が心に決めていた場所に埋葬させた．彼と息子たちが埋葬について行った．Albert は行けなかった．Lotte のことが気遣われたから．職人たちがお棺をかついだ．僧侶は一人もついて行かなかった）

上のテクストには合計9個の文が含まれている．文の種類と長さを考察しよう．第1の文は8語の単一文が二つ接続詞なしに結ばれた16語の対結文である．第2の文はたいへん長い．全体で51語から成る．内訳は，9語の単一文，11語の単一文，主語が省略されている7語の単一文が接続詞なしに並べられたあと，これに und を介して23語から成る付結文が接続している．この付結文に含まれる副文は，6語の関係文と11語の時の状況語的副文（→1.2.34.）である．第3と第4の文はそれぞれ5語と10語の単一文，第5は10語の主文と5語の副文が結ばれた15語の付結文である．そのあとには，たたみかけるように，6語＋3語の対結文に続いて，それぞれ5語，3語，5語の単一文が並べられている．語数を並べた16＋51＋5＋10＋15＋6＋5＋3＋5という数列を見ただけでも，このテクストの緩急の巧みさが見て取ることができるが，そのうえに文の種類を考えに入れると，悲劇の末尾のしめくくりという内容とテクストの構成が不可分離的に結びついていることが理解できる．

10.1.4.3. 文肢の並置

文が長くなる原因の一つは，同種の文肢をいくつも重ねることである．同種の文肢をいくつも重ねて並置する方法も，送り手がどのように表現様式を形成したいかという意図に応じて，どの文肢を重ねるかが異なる．付加語形

容詞を数多く重ねれば性格を強調する結果になるし，述語動詞をいくつも並置すればダイナミックな感じがでる．Mann und Frau「男と女」とか Haus und Hof「家屋敷」のように名詞を慣用的に二つ重ねた対語の形式は，名詞の概念を強めることができる．あるいは，aus Bechern und Gold trinken「黄金の杯から飲む」のような特異な表現は，**二語一意** Hendiadyoin と言って，付加語＋名詞という平板な形 aus goldenen Bechern trinken の代用形となる．また，Und es wallet und siedet und brauset und zischt「沸き立ち，かつ，煮え立ち，かつ，煮えたぎり，かつ，吹きこぼれる」のように文肢を**接続詞を用いて並列する** syndetische Reihung か，それとも，Alles rennet, rettet, flüchtet.「誰もが駆け，身を守り，逃れ去る」のように**接続詞を用いないで並列する** asyndetische Reihung かという違いも表現様式という点で意味を持つ．

　三個以上の同種の文肢を並べることによって意味をだんだんと強めてゆく**漸層法** Klimax や，逆に，意味をだんだんと弱めてゆく**漸降法** Antiklimax は，すでに古代の修辞法以来好まれてきた手法である．例えば，Geld verloren－etwas verloren！Ehre verloren－viel verloren！－Mut verloren！－alles verloren！「金を失くしたは一寸した痛手．名誉を失くしたは大きな痛手．勇気を失くしたは救えぬ痛手」や Doktoren, Magister, Schreiber, und Pfaffen.「ドクトルどの，マギステルさま，書記さん，それにくそ坊主」．同じ単語で連続する二つあるいはそれ以上の文（ないし詩行，詩節）を始める**首語句反復** Anapher や，同じ単語が二つあるいはそれ以上の連続する文（ないし詩行，詩節）の末尾で反復される**尾語句反復** Epipher も愛用された．前者は例えば，*Das Wasser* rauscht', *das Wasser* quoll. （水はざわめき流れた，水はわき出た）．また，後者は例えば，Er will *alles*, kann *alles*, tut *alles*. （彼はすべてを欲し，すべてを能くし，すべてを為す）．

10.1.4.4. 複雑な構文

　長い文は一般に構造も複雑である．いわゆる**箱入り文** Schachtelsatz は複雑な構文に数えられるであろう．ドイツ語は副文がさらに副文を従えることを認めているので，副文の中に副文が入り込んで成立する文が箱入り文である．ここでは副文の定動詞後置が裏目に出て，文末に動詞が吹き溜まりのようにつもってしまう．例えば，

10.1. 表現

(33) Wir konnten deutlich die Marschkolonnen, die sich, wenn sie den Platz *erreichten, teilten, sehen.* （私たちは，広場に到着するごとに，左右に分かれる行進縦隊をはっきりと見ることができた）

erreichten は wenn に導かれる副文の定動詞で，teilten は関係代名詞 die に導かれる副文の定動詞で，sehen は konnten とともに wir に対する述語となっている．

副文のなかにレベルの異なる副文が二つ以上もつめこまれた**階段文** Treppensatz も複雑な構文に属する．

(34) Nachdem der letzte Versuch, den ein Stuart in Schottland wagte, um den britischen Thron, welchen seine Vorfahren besessen hatte, wiederzuerobern, im Jahre 1746 mißlungen war, ... （かつて先祖が所有していたブリテンの王座を奪回するために，スコットランドでスチュアート家の一人が敢えて試みた最後の企てが1746年に失敗に終わったあとは，…）

文頭の従属接続詞 nachdem と文末の定動詞 mißlungen war で副文が作られているが，この内部にまず Versuch を限定する副文である付加語文 den ein Stuart in Schottland wagte が含まれ，さらにこの副文に um ... wiederzuerobern という不定詞句が含まれている．不定詞句は副文として扱われるが，この副文は welchen で導かれる関係文によって中断されている．

W.Jung は箱入り文は避けるべきであり，階段文は美しくないとしている (W.Jung, 96)けれども，だからと言って，複雑な構文がどんな場合も排斥されなければならない理由はない．2個の主文から成る対結文と1個の主文と1個の副文から成る付結文を総称して**単純複合文**と呼ぶが，これに対して3個以上の単一文が複合された文を**複雑複合文**という．階段文に主文が伴えば，それは言うまでもなく複雑複合文である．さきの Werther の例の第2の文は複雑複合文である．複雑複合文の長所を H.v. Kleist の *Michael Koolhaas* の例で考察しよう．Kleist は複雑複合文を駆使した作家である．しかし，構成が整然としているので，構文を読み解くのに苦労が少ない．

(35) Er stieg, in Begleitung einiger Ritter, vom Pferde, und verfügte sich, nach Wegräumung der Palisaden und Pfähle, in das Haus, wo er den Junker, der aus einer Ohnmacht in die andere fiel, unter den Händen zweier Ärzte fand, die ihn mit Essenzen und

Irritanzen wieder ins Leben zurückzubringen suchten; und da Herr Otto von Gorgas wohl fühlte, daß dies der Augenblick nicht war, wegen der Aufführung, die er sich zuschulden kommen lasse, Worte mit ihm zu wechseln: so sagte er ihm bloß, mit einem Blick stiller Verachtung, daß er sich ankleiden, und ihm, zu seiner eigenen Sicherheit, in die Gemächer der Ritterschaft folgen möchte. (Kleist, 32) （彼［＝代官 Otto von Gorgas 公］は騎士を何人かしたがえていたが，馬から下りて，［防戦用の］柵や杭を取りのけたのち，邸へ入った．なかでは気絶からさめてまた気絶する公子が，エキスや刺激剤を使って気をつかせようと試みる二人の医師の看護を受けていた．そこで彼はいまは，公子が犯したと言える数々の振る舞いのことで彼と言葉を交わすときではないと感じ，公子にむかって，眼には無言の軽蔑をこめつつ，着替えをして身の安全のために自分に随いて騎士の居室まで来てもらいたいとだけ伝えた）

　11行から成る例文(35)は一つの文である．しかし5行目のセミコロンで二分され，続く und が後半へとつないでいる．前半部はさらに wo を境として二分され，wo 以下は関係文を二つ含む階段文である．後半部はさらに so を境に二分されるが，so に先だって従属接続詞 da により導かれる副文中には daß 文が含まれ，この daß 文が副文相当の zu 不定詞句を従えているので，da で導かれる副文もまた階段文である．なお，不定詞句に含まれる関係文の die er sich zuschulden kommen lasse の接続法第 I 式は代官の言い分であることを表す間接話法である．

　このように分析すると，いかにも前半部も後半部もたびたび挿入された副文によって中断されている印象を与えるが，作者が副文を挿入するのは，そのたびごとに，事件の進行に重要な関係を持つか重要な影響を与える情報を読者に供給するためである．中断しているように見えるけれども，じつは，情報を逐次供給することによって，同時に並行して起こる出来事を読者に伝え，場面の緊迫感を盛り上げようとしているのである．

＊この例文の存在を京都外国語大学の片山良展教授に教えて頂いた．

10.1. 表現

　現代ドイツ文学における複雑複合文の名手は，なんと言っても，Thomas Mann であるが，彼が例えば次の複雑複合文に期待している効果は，Kleist とはまた別のところにあるように思われる．

(36)　Daß täglich die Nacht sinkt, daß über Qual und Drangsal, Leiden und Bangen sich allabendlich stillend und löschend die Gnade des Schlafes breitet, daß stets aufs neue dieser Labe- und Lethetrank unseren verdorrten Lippen bereit ist, aufs neue stets, nach dem Kampf, dies milde Bad unseren zitternden Leib umfängt, damit er, gereinigt von Schweiß, Staub und Blut, gestärkt, erneuert, verjüngt, fast unwissend wieder, fast mit der ursprünglichen Tapferkeit und Lust daraus hervorgehe－Freund！ich habe das immer als die gütigste und rührendste der großen Tatsachen empfunden und anerkannt. (Th. Mann: Süßer Schlaf, 155)*
(毎日夜が地上に下ってくること，毎晩，苦痛と困窮を，悩みと不安を鎮めかつ消し去りながら，眠りの恩恵が広がること，いつも新たにこの清涼と忘却の飲み物が私たちのかさかさになった唇のために用意されていること，いつも新たに，闘いのあとに，この穏やかな湯浴みが私たちのわななく肉体を包んでくれること，そうすれば肉体が汗やほこりや血から清められて，強くされ，復活され，若返らされ，ほとんど知らず知らずに，ほとんど元の気丈さと気力を以て，汗とほこりと血から生まれ変わること－友よ，私はそのことをいつもすべての偉大な事実のうちで最も人間に対する好意に満ちた，最も感動的な事実であると感じ，かつ評価してきました)

　さきの Kleist の例文とちがって，ここでは事件の進行がない．それゆえ，Mann が daß 文を重ねるのは，Kleist がしたように事件の進行に伴って加わっていく新しい情報を読者に与えて，読者が事件の進展をその都度理解するのを助けるためではない．Mann は夜毎に眠りが私たちを訪れることが私たちにとってどんな意味を持っているかを，言葉を換えて説明してゆく．三つ重ねられている daß 文が順を追って長くなっていることにも注意する必要があるだろう．第2の daß 文は類語反復によって，第3の daß 文は同一のテーゼをバリエーションを以てくり返したうえ，これに damit で導かれる副文を従えさせて階段文を作ることによって長くなっている．あたかも掌に乗せた

— 35 —

玉をためつすがめつして新たな光の屈折を見つけ，次々と新たな発見を加えて分析に精密さを加えるかのように，daß 文が重ねられるたびに，読者は眠りの新しい意味をいよいよ深く自覚させられる．

10.1.4.5. 双対文

対結文と付結文（→1.2.32.）を上手に組み合わせることによって，均整のとれた複雑複合文を作り上げることができる．それはかつて**双対文** Periode と呼ばれ，M. Luther をはじめとして，古典主義の作家たちや G. Keller, R. Hildebrand を経て現在まで伝統が続いている．Periode はラテン語の periodus の借用語で，„Gliedersatz" を意味するが，それは一本の胴から四肢が生えている有様になぞらえた命名である．そして，periodus はさらに「回遊」や「回帰」を意味するギリシャ語の períodos に由来する．W. Jung が Th. Matthias から引用している Goethe の *Wilhelm Meisters Lehrjahre* からの例をそのまま借りる．

(37) Niemand glaube, die ersten Eindrücke der Jugend verwinden zu können. Ist er in einer löblichen Freiheit, umgeben von schönen und edeln Gegenständen, im Umgange mit guten Menschen aufgewachsen, haben ihn seine Meister das gelehrt, was er zuerst wissen mußte, um das übrige leichter zu begreifen, hat er gelernt, was er nie zu verstehen braucht, wurden seine Handlungen so geleitet, daß er das Gute künftig leichter und bequemer vollbringen kann, ohne sich irgend etwas abgewöhnen zu müssen: so wird dieser Mensch ein reineres, vollkommeneres und glücklicheres Leben führen als ein anderer, der seine erste Jugendkraft im Widerstande und im Irrtum zugesetzt hat. (Jung, 97, zit. nach Matthias) （誰も若いときに受けた第一印象を克服できるなどと信じないように．人が申し分のない自由のなかで，美しく気高い物に囲まれて，善良な人間と交わって大きくなったならば，人が師匠からまず覚えなければならないことを学んだために，その他のことは容易に理解できたならば，人が人間としてけっして理解するには及ばないこととはどんなことかを学んだならば，人が上手に導かれて，将来はなんら矯正の必要ないまでに善をより容易に，より楽し

10.1. 表現

く行うことを身につけたならば，その人は，若いときの力を反抗と過ちに注いでしまった人間に比べて，より清らかで，より完全で，より幸せな人生を送ることであろう）

はじめの Niemand glaube, die ersten Eindrücke der Jugend verwinden zu können. を除いて，残りは長い長い一つの文である。この構造を読者はどう読み解くだろうか。上から8行目にあるコロン（：）を境として，前半には四つの副文が並置されている。そして，so 以下がこれらの副文に対する主文である。四つの副文はどれも従属接続詞 wenn が省略されたために定動詞倒置になっている，つまり同じ型の副文が反復されている。これが Periode の名の由来を示す。四つの副文を書き出してみると，下のようである。下線は一ランク下がった副文，二重の下線はさらに一ランク下がった副文を示す。

①Ist er in einer löblichen Freiheit, <u>umgeben von schönen und edeln Gegenständen</u>, im Umgange mit guten Menschen aufgewachsen,

②haben ihn seine Meister das gelehrt, <u>was er zuerst wissen mußte, um das übrige leichter zu begreifen</u>,

③hat er gelernt, <u>was er nie zu verstehen braucht</u>,

④wurden seine Handlungen so geleitet, <u>daß er das Gute künftig leichter und bequemer vollbringen kann</u>, <u>ohne sich irgend etwas abgewöhnen zu müssen</u>

双対文は，17世紀や18世紀初頭には文の理想型のように考えられて，Cicero などを模範としてさかんに模倣されたが，その後，外国語の模範を模倣することに反対する動きの影響もあって，双対文は否定的な評価を受けるようになり，ついには，構成の長所など十分に解明・評価されないまま，文体家によって拒否されるようになってしまった。

もっとも，たんに対結文と付結文を組み合わせただけでは，けっして均整のとれた複雑複合文ができあがるわけではない。むしろ，読者の頭を混乱させ，最後まで読み通す気を失わせるような悪文ができあがる。下はその例である。構文がよく整理されていないうえに，持って回った言い方が，書き手の真意をよけいに分からなくしている。

(38) Sicher ist es richtig, wenn man feststellt, daß eine schlechte Leistungszensur unter anderem in Hinblick auf die zu erwartende Kritik der Eltern bedeutsam wird, also mehr aktuell verwur-

zelt ist, jedoch wird die Kritik der Eltern überhaupt erst notwendig und sinnvoll durch übergreifende Zweckziele, und die Motivebene ist eine höhere, wenn der Schüler die Kritik im Hinblick auf die Erfordernisse des Fernziels und nicht aus einer aktuellen Furcht vor dem Tadel akzeptiert. (Möller, 76) （生徒に悪い成績をつけることは，とくに両親からの子弟に対してなされると思われる批判という観点から大切である，つまりどちらかというと現実に関係がある，ということを確認するのは，たしかに正しい．けれども，そもそも両親の批判がはじめて必要かつ有意義になるのは他にまして重要な達成目標を通してであり，動機づけのレベルは，生徒たちが自分の将来の要請という観点から批判を受け入れ，叱られるのが恐いからという現実的な観点から受け入れるのではない場合に，より高いレベルとなる）

G.Möller はこのテクストを下のように書き直すよう提案している（Möller, 76）．

(39)　Eine schlechte Leistungszensur fordert die Kritik der Eltern heraus, und insofern ist sie für den Schüler zunächst aktuell von Belang. Sinnvoll wird die elterliche Kritik jedoch erst, wenn der Schüler eine bessere Zensur nicht aus Furcht vor dem Tadel anstrebt, sondern－auf einer höheren Ebene der Motivation－im Hinblick auf die Erfordernisse des Fernziels. （生徒に悪い成績をつけると，両親は子弟を批判するだろう．その限りでは，悪い成績をつけることは生徒にとって，当面，現実的な重要性を持つ．けれども，両親の批判がはじめて意義を持つのは，生徒が叱られるのが恐いからではなくて，自分の将来の目標という観点から－これこそより高いレベルの動機づけだが－成績を良くしようとする場合である）

例(38)は，冒頭のランクが異なる二つの副文を従えた複合文に，4 行目の jedoch によって wird から 5 行目の Zweckziele まで続く単文が接続され，さらに，und によって最後の複合文が接続されるという構文であるが, Sicher ist es richtig, wenn man feststellt, daß ... の箇所には，このような複雑な構文を使わなければならない必然性が感じられない．まさに持って回った言

い方であって，daß 以下に述べた内容だけをずばりと例（39）のように書けばすむのである．

10.1.4.8. 枠構造と枠外配置

枠構造 Rahmenbau/Rahmenbildung（→1.1.4.）はドイツ語の文を支配している特性の一つである．初心者がやかましく言われる定動詞第二位の原則も，実は枠構造を守るための規則である．主文の文頭に主語以外の文要素が立てば主語と定動詞が倒置するが，そのこと自体が意味をもっているわけではない．もし主文の文頭に主語以外の文要素が立っても主語と定動詞が倒置しないならば，文頭に立つ主語以外の文要素が多ければ多いほど，定動詞と定動詞に最も関係の深い文要素で作っている枠の巾が縮んでゆく．つまり，極端な場合には枠構造が失われてしまう．

どんな種類の枠構造でも，メカニズムとして眺めるならば，枠を締めくくっている最後の単語が陳述の完全な意味を明らかにしてくれるまで，内容的な緊張が続く．そして，最後の瞬間にそれまで受け手のなかに貯えられてきた内容要素が一挙にまとめられて全体の理解が成立する．上で考察した複雑な構文が「複雑」なのも副文が枠構造を持っているからであった．むろん，ドイツ語を母語とする人々は，枠のあいだに挟まれた文肢がむやみに多くない限り，上のメカニズムを意識しないし，主文では定動詞に最も関係が深い要素がかえって定動詞から最も離れた位置に置かれること自体も不思議だとは感じていない．枠構造はドイツ語を母語とする人々には生まれついての習慣のようになっていて，普通は，文が作られる際に作られていく枠構造についてゆくのが別に骨折であるわけではない．G. Möller によれば，枠構造を避けようとして直進的に構成された文は，机のうえで意識的に作られた文であって，生きたドイツ語の特徴を失っている（Möller, 50）．

とは言うものの，枠に挟まれた文肢の数がふえてくると，ドイツ語を母語とする人々といえども枠構造についていくのが「骨折りでない」とは言っておれなくなる．書き言葉の場合は，読者ははるか先にある枠の終端を視認することができるが，話し言葉の場合はそれができない．書き手が対象に熱中してしまい，内容を圧縮することにばかり気を取られると，結果として，文法的に申し分がないもののきわめて分かりにくい文ができあがる．とりわけ，主文が枠構造を持っていて，その枠のなかへ副文（不定詞句もおなじ）が

め込まれている場合にそれが起こる．

(40) Ein derartiger Effekt *ist* möglicherweise unter Ausschaltung einer Reihe anderer Bedingungen, die in der realen Unterrichtssituation die Wirkung des von uns variierten Bedingungsfaktors überdecken, negieren, steigern oder in einer anderen Weise modifizieren, *zu erwarten.* (Möller, 51) （この種の効果は，実際の授業において我々の手で変化を持たせられた条件的因子の効果を覆い隠すか，打ち消すか，高めるか，それとも何か修正するような一連の別の諸条件を閉め出した場合は，ひょっとすれば期待できるであろう）

枠構造はイントネーションとポーズの置き方で明確にすることができる．そして，枠構造を一息で読み切ることも聞き手の理解を確かにするために重要な配慮である．例 (40) の例で言えば，下線部の関係文は一息で読み切る必要がある．細かく切ってゆっくりと読むことは，かえって聞き手の理解を妨げる．例 (40) で大きな方の枠構造である ist から zu erwarten までを一息に読むことはできないけれども，その代わりに ist ならびに unter Ausschaltung einer Reihe anderer Bedingungen をポーズによって際だたせれば，例 (40) は聞いていて理解困難な文ではない．

ともあれ，枠構造が長くなることはドイツ語を母語とする人々にも重荷に感じられる場合があることは事実である．学術文献では，枠構造が長くなることを避け直進的な構文を併用して，文構造を見通しやすくするために，先行する文の内容を改めて言い直す方法が採られる．

(41) ... weisen die Askaridenarten im allgemeinen Wirtsspezifität auf, *d.h. sie können sich nur bei einem ganz bestimmten Wirt bis zum geschlechtsreifen Wurm entwickeln* ... (Möller, 51) （回虫の種類ごとに宿主が特定しているのが一般である．すなわち，回虫の種はまったく特定の宿主の元でしか生殖能力のある成虫にまで成長することができない）

枠構造が長くなることを避ける別の方法は**枠外配置** Ausrahmung/Ausklammerung である．実用散文では，例えば文肢の反復などによって文が長くなる傾向があり，伝達の効率がそれによって妨げられる．例えば次の例 (42) では，後半の主文の枠構造のなかへ daß 文が二つも入り込み，そのうえ後の

10.1. 表現

daß 文は階段文になっているために，枠の幅が極端に広い．

(42) In diesen Beispielfällen *deutet* sich schon ein erstes Pflichterleben *an*; vor allem *spielt* eine gewisse Einsicht in die Notwendigkeit des Lernens, also die Erkenntnis, daß der Lernvorgang nicht nur von subjektiven Faktoren (Lust, Unlust, Bequemlichkeit u. ä.) abhängt, sondern daß es Lebensumstände gibt, die man (ob freudig oder nicht) schlechthin akzeptieren muß, *eine Rolle*. (Möller, 53) (これらの実例の場合にはすでに一種の最初の義務の体験がほのかに認められる．とりわけ，勉強はしなければならないものだという分別が，つまり，学習過程は主観的な因子（意欲，無意欲，無精など）にかかっているだけではなくて，（すすんで，あるいは，いやいや）無条件に受け入れるほかない生活状況もあるのだという認識が，一つの役割を果たしている）

この例の接続詞 sondern でつながれた二つの daß 文をそれぞれ一息に読むことはできても，spielt から eine Rolle までを一息に読むことはできない．改善するには，枠の幅を下のように縮めるほかない．

(43) In diesen Beispielfällen *deutet* sich schon ein erstes Pflichterleben *an*; vor allem *spielt* eine gewisse Einsicht in die Notwendigkeit des Lernens *eine Rolle*, also die Erkenntnis, daß ... （これらの実例の場合にはすでに一種の最初の義務の体験がほのかに認められる．とりわけ，勉強はしなければならないものだという分別が一つの役割を果たしている．すなわち，次のような認識が…）

この改善によって spielt と eine Rolle が作る枠の幅が理性的な程度に縮められ，受け手が枠構造を見通すのが容易になった．反面，also から akzeptieren muß までの部分がもとの spielt と eine Rolle の作っていた枠からはみ出すことになった．

枠外配置は芸術散文で文肢を強調するのに用いられる．枠外に配置された文肢はそれだけ目立つために強調されれることになるのである．

(44) Ich *habe* ein Buch *geschrieben* über die Mechanik des Universums. （私は一冊の書物を著した．宇宙のメカニズムについて）

話される場合（演説）でも書かれる場合（アピール）でも，荘重さを醸し出したい場合は，枠外配置が好まれる．この事実は，枠構造がいかにドイツ

語を母語とする人々にとって自然だと感じられ，枠外配置が特殊だと感じられているかという証拠にもなろう．

(45) Wir *haben zu unterscheiden* zwischen echter Selbstkritik und unehrlichen Bekenntnissen.（我々は区別しなければならぬ．真の自己批判と不誠実な信条表明とを）

10.1.5. 表現と送り手の関わり

10.1.5.1. 送り手の主観と表現方式

　送り手は受け手にむかってある情報を伝えようとする．情報を伝えるためには送り手はそれを表現しなければならない．送り手は，表現しようとする対象に即して，あるいは受け手に即して，あるいはコミュニケーションの条件に即して，その場に適当な表現方式を選ぶであろう．

　表現形式に固定的な様式があるという考え方は少し時代遅れであるし，文学テクストにはもはや当てはまらないけれども，典型的な表現形式の特徴を知り，表現対象に適した表現形式とはどういうことかを理解するという意味で，ここで表現形式の実例を考察しておくことは無意味ではあるまい．

　表現方式には基本的に三つの種類が考えられる．すなわち，記述的表現と説明的表現と印象的表現である．表現のこのような基本タイプが実際のテクストに純粋にそれぞれ単独で現れることはまれで，むしろタイプが混じって現れるほうが普通である．しかし，下になるべく典型的な実例を考察することにしよう．以下，例(46)，(47)，(48)はわざといずれも送り手が ich としてテクストに現れている場合を選んだ．送り手 ich がテクストに現れていても表現が必ず主観的になるとは限らない．すなわち，送り手 ich がテクストに現れている記述的表現がありうる．また，送り手が ich である説明的表現と送り手が ich である印象的表現とでは，描き方が異なる．

10.1.5.1.1. 記述的表現

　送り手はできる限り客観的にありのままに表現する．そのためには，送り手の主観が表現のなかに現れてはならない．送り手の存在を思わせるような言葉遣いは一切避けられる．送り手のコメントなどはもってのほかである．そして，受け手があたかも表現対象にじかに接しているかのような印象を受

けるように表現する．新聞などの報道記事はおおむね記述的表現の方式をとっている．

（46） In den braunen, brettgestreiften, miefigen Wagen der Kleinbahn, die aus der Kreisstadt ins Dorf fuhr, kam es am Abend vor, daß die Lichter hinter den viereckigen, in die Wände gesetzten Scheiben verlöschten, weil die Dochte im Petroleum ertranken vom Stoß der Räder, die über die zu weit gelaschten Schienen ratterten. Dunkel saßen die Fahrgäste in den Kupees. Ein Streichholz flammte auf. Zigarettenenden glosten. Ein Arbeiter, der in Rotenberg ausstieg, boxte *mir* den Ellenbogen ins Gesicht. (Erzähler, 56) （郡役所のある町から村へと通じているローカル線の,茶色に塗られた板張りの車両の中は空気がよどんでいた．夕方のできごとだった．隔壁にはめ込まれた四角いガラス窓のむこうに点っていたランプが，つなぎ目の間隔が開きすぎていたレールのうえで車輪がゴトンとやった拍子に，芯が石油につかりすぎたため，消えてしまったのだ．乗客は真っ暗がりでコンパートメントに座っていた．誰かがマッチをすった．タバコの火だけがいくつか赤く揺れた．Rotenberg で降りていった労働者は，降りしなに私の顔にしたたか肘で一発くらわせた）

テクストの下から2行目に mir という単語が見える．テクスト全体に目を通すと，送り手の ich がコンパートメントの乗客の一人として居合わせていることが分かるので，このテクストの送り手は ich であると推定される．しかし，テクストがとりたてて送り手 ich の感覚を通して述べられていると受け手に感じさせるような言葉遣いはまったく認められない．すなわち，送り手 ich の主観は表現のなかにまったく現れていず，受け手はあたかも表現対象にじかに接しているかのような印象を受ける．

10.1.5.1.2． 説明的表現

記述的表現では送り手が自己の主観が表現のなかに現れないように配慮するのと正反対に，説明的表現では，送り手は対象について客観的にありのままに表現しようと努める一方で，表現対象についての自分の判断や態度を言葉のうえに表す．対象のあり方についてコメントするばかりでなく，対象に

ついての解釈の仕方を示すことさえある．したがって，受け手は説明的表現のテクストからは対象のあり方だけでなく，対象についての送り手の評価もあわせて受け取る．

(47) Das Fenster ging in einen parkartigen Garten hinaus, der unbetreten und *unfreundlich* aussah. Der Garten lag gänzlich im Schatten, *denn offenbar* traf die Sonne diese Seite des Abhanges nicht mehr ; *ja* es stand *sogar* etwas wie dünner Nebel zwischen den Stämmen. Auch waren dort draußen die Bäume schon kahl, und nur ein paar Blätter sah *ich* zu Boden fallen. Auf dem Boden flatterte eine weiße Amsel. (Erzähler, 116) （窓は公園を思わせる庭に面していたが，庭には誰も足を踏み入れないらしく，人をよせつけない雰囲気があった．庭全体が日陰になっていた．それは斜面のこちら側にはもはやあきらかに陽がささないからであった．陽がささないどころか，庭の樹々の幹のあいだにはうっすらと霧らしきものまでかかっている始末だった．ここから見ると，庭の樹々ももう葉は落ちてしまっていて，落ち葉が二三枚地面に散っていた．そして，そこを一羽の白いツグミが羽をばたばたさせているのだった）

このテクストでも下から2行目にichが現れる．このichが庭を眺めていることから，このテクストの送り手がichであると言うことができる．しかも，このテクストには送り手であるichの意識が何カ所かに明示的に認められる．すなわち，送り手の推測を示す接続詞denn「それは…からであった」，おなじく送り手の肯定的な推定を表す副詞offenbar「あきらかに」，先行する陳述内容を肯定し，さらにそれを強調する副詞ja，この副詞と呼応して用いられている副詞sogar「[それ]どころか」がそれである．形容詞unbetretenは客観的な表現だが，unfreundlichは主観的・感覚的であり，送り手の感覚を思わせる．訳文も全体に送り手の意識がそれとなく受け手に感じられるようにしてある．日本語ではそのような場合に役立つのが，説明的な送り手の存在を感じさせる「のである（ノダ）」という言葉である．

　送り手の説明は，しばしば受け手の解釈に指針を与え，受け手がテクストの内容をあやまりなく送り手の意図どおりに受け取るようにする効果を持っている．それゆえ，説明的表現には記述的表現にない長所があると考えるべ

10.1. 表　　現

きであって，説明的表現は送り手の主観が混じっているから記述的表現に劣ると考えるべきではない．

10.1.5.1.3. 印象的表現

　この場合は，送り手が対象から受けた印象を受け手に伝えることが表現の課題となる．説明的表現では，送り手は表現対象のあり方を客観的に伝えることに主眼を置いて，主観的な評価はむしろコメントや注釈の形で伝えようとしていたが，印象的表現では，送り手は対象がどのようなあり方をしているかを客観的に受け手に伝えることを放棄する．控えめな形のコメントや注釈も送り手にとってはむしろもの足りない．

(48) Als *ich* an jenem Tage in mein Arbeitszimmer trat, fiel *mir* die hohe grüne Kerze ins Auge. Lag es an der kalten Beleuchtung oder waren *meine* Augen in dieser Stunde besonders empfindlich: Das Grün der Kerze *drang mit einer schneidenden Schärfe* aus der Zimmerecke *auf mich ein*; es war, *als glitte ein Blitz zwischen Bergwänden in die tief verfinsterte Schlucht meines Innern nieder*. Da geschah es, daß der Schmerz, den die Augen empfingen und *den zugleich mein ganzes Sein empfand, sich* in den Kummer um einen kleinen Knaben *verwandelte.* (Erzähler, 343)　(あの日，私が仕事部屋に足を踏み入れたとき，その背の高いグリーンのろうそくが目に飛び込んできた．冷たい照明のせいだったのか，それとも，私の眼がその時間帯にはとくに敏感だったのか，ろうそくのグリーンの色が眼に突き刺さるような鋭さで部屋の隅から私に迫ってきたのだった．その刹那，私はまるで稲妻が心のなかの深い真っ暗な谷間へと岩壁にそって射し込んできたような気がした．とたんに，私の両眼が感じた痛み，同時に私の全存在が感じた痛みが一人の小さな男の子を思う深い悲しみに変わったのである)

　テクストに人称代名詞 ich, mir, mich がテクストに現れるほかに，所有代名詞 mein も姿を現す．ich の体験を述べるテクストなので，送り手としての ich がテクストに明示的に現れている例である．そして，「ろうそくのグリーンの色」が drang mit einer schneidenden Schärfe ... auf mich ein「眼に突き刺さるような鋭さで…私に迫ってきた」という表現や，非現実の比較を表

— 45 —

す接続詞 als(ob) を使った als glitte ein Blitz zwischen Bergwänden in die tief verfinsterte Schlucht meines Innern nieder「まるで稲妻が心のなかの深い真っ暗な谷間へと岩壁にそって射し込んできたような気がした」という表現，der Schmerz ... sich in den Kummer ... verwandelte「痛みが…深い悲しみに変わった」という心理描写，den zugleich mein ganzes Sein empfand「同時に私の全存在が感じた痛み」という表現は，いずれも送り手の主観的な感じ方の現れである．

10.1.5.2. 受け手に対する送り手の配慮

　受け手が予備知識を持っていない対象や事柄を受け入れるのを容易にするために，教育的な配慮として，送り手は受け手の興味を喚起したり，持続させたりしようとする．そのことは表現様式に影響を及ぼさずにはいない．

10.1.5.2.1. 現実化

　送り手は表現しようとする対象や事柄を受け手の現在へと移し替える．これが**現実化** Aktualisierung である．下の例は少年少女向けの百科事典の「バクテリア」を説明するテクストである．第1パラグラフの父の表現も，第2パラグラフのテクストの送り手の部分も，バクテリアという目に見えない微生物の存在やはたらきが受け手である少年少女の目に浮かぶように説明しようと努めている．

　　(49)　„In der Luft um dich sind lauter kleine Lebewesen", sagt Vater. „Wo denn? " fragt Bernd. „Ich sehe nur etwas Großes, und das bist du." Vater lacht und erklärt: „Diese Lebewesen sind so klein, daß du sie nur unter einem Mikroskop erkennst. Sie heißen Bakterien. Bakterien leben in der Luft, im Erdboden und im Wasser. Sie sind für das Leben von Menschen, Tieren und Pflanzen wichtig. Bakterien sorgen dafür, daß die Erde fruchtbar ist. Für die Herstellung von Käse und Joghurt braucht man Bakterien. Sie helfen bei der Verdauung und bei vielen anderen Dingen. Allerdings gibt es auch gefährliche Bakterien, zum Beispiel die Bazillen. Sie können schuld daran sein, wenn du krank bist."(MGKL)　（「おまえの周りの空気のなかにまったく小

さい生き物がいるのだよ」と父が言う．「いるって，どこに」と Bernd が尋ねる．「ぼくには大きなものしか見えないよ．お父さんのことでしょ」．父は笑って説明する．「それはとっても小さいから，顕微鏡を使わなくっちゃ見えないのさ．バクテリアっていうんだよ．バクテリアは空気中にも，土の中にも，水の中にもいるんだ．そして，人間や動物や植物が生きてゆくうえで大切なんだよ．バクテリアがいるから土地は豊かになれるんだし，チーズやヨーグルトを作るのにバクテリアが必要だ．バクテリアは消化を助けてくれるし，ほかにもいろんなことをして助けてくれる．もっとも，恐ろしいバクテリアもいるよ．例えば，細菌さ．おまえが病気になったりするのは細菌のせいだ」）

10.1.5.2.2. 擬人化

抽象的な事柄を抽象的な言葉を使って述べたのでは受け手が理解に苦しむと考えられるとき，あるいは興味を抱かないのではないかというおそれがあるとき，生命のない事象を人になぞらえて述べる**擬人化** Vermenschlichung は有効な手段である．

(50) Gedanken *leben selbständig*. Man sagt, daß wir sie erzeugen, daß sie unserem Gehirn *entspringen*, daß sie unserer Kontrolle unterliegen. Das ist nicht wahr. Oder genauer gesagt：Das ist nur sehr selten wahr. Gedanken *kommen, ohne daß wir nach ihnen suchen*. Wenn sie *uns erfaßt haben, ziehen sie uns mit, rollen wie Räder auf abschüssigem Weg*. Wir können nicht mehr *bremsen*. Ich spreche hier in der Mehrzahl. Ich sollte in der Einzahl reden. Ich weiß nicht, ob es bei anderen Menschen auch so ist. Ich weiß nur, wie es bei mir ist. (続中級100, 46) （考えというものは一人立ちして生きている．私たちが考えを生み出すのだとか，考えが私たちの頭からわき出てくるのだとか，私たちが考えを変えたり動かしたりできるのだとか言われる．しかし，それは本当ではない．もっと厳密に言うと，めったに本当ではない．考えは，私たちが探したりしなくてもやってくる．私たちがある考えにとりつかれると，考えが私たちを引っぱっていく．そして，急な坂道を転がる車輪のよ

うに転がっていく．私たちがブレーキをかけようとしてももう無理である．今，「私たち」と複数形で言っているが，「私」と単数で言うべきだろう．他の人々の場合も同じかどうか知らないし，分かっているのは自分の場合はどうかということだけなのだから）

　上の例は思考と人間の関係を述べている．とりたてて若年者のために述べたテクストではないけれども，思考を生き物にたとえているため，受け手は思考が自立したはたらきをするという主張をよく理解できる．leben selbständig「一人立ちして生きている」という表現はもともと人間について使われる表現であるし，その他，kommen, ohne daß wir nach ihnen suchen「探したりしなくてもやってくる」とか，uns erfaßt haben「私たちをつかんだ」となると（上では「私たちがある考えにとりつかれると」と意訳したが）とか，ziehen uns mit「私たちを引っぱっていく」とか，rollen wie Räder auf abschüssigem Weg bremsen「急な坂道を転がる車輪のように転がっていく」とか，思考が意志を持った存在であると思わせる表現が並んでいる．思考が脳から entspringen「わき出てくる」というのも，「わき出てくる」のは生き物に限らないけれども，目に見えない脳神経の作用を可視的な現象として表している．

　生命のない事象を人になぞらえて述べる擬人化は，またなぞなぞの技法として逆に利用される．

(51) Ich bin ein armer Schmiedeknecht, /hab kein Arm, zeig immer recht, /habe keine Füß, muß immer gehen, /und Tag und Nacht auf Schildwach stehen, /und leg ich mich einmal zur Ruh, /dann brummt noch jedermann dazu.（私や哀れな鍛冶屋の下男，/腕はないけど，指すのはかっきり，/足がないのに，歩いてばかり，/昼でも夜でも張り番に立って，/ちょっと寝ころび一息入れりゃ，/とたんに誰もが小言をたれる）

　答えは時計である．鐘を叩いて時を知らせることを，親方の相方として金床の上の鋼を槌で打つ「鍛冶屋の下男」で表している．時計のその他のはたらきをすべて人間の行為に置き換えることによってなぞなぞを作っている．

10.1.5.2.3. 動態化

　静的な事態を動的に記述するのが**動態化** Dynamisierung である．下の例

10.1. 表現

は，長いあいだの白人による抑圧と搾取からやっと開放されつつあるアフリカ大陸の現状を静的に捉えず，動的に捉えている．巨人の比喩にせよ群衆の喩えにせよ，それらを修飾する長い関係文に使われた述語の動詞がいずれも動的で，新生アフリカの混乱ぶりが生き生きと伝わってくる．

(52) Das schwarze Afrika bietet nicht das Bild eines aus langem Schlaf erwachten Riesen, der seine Fesseln *abgeworfen hat* und im vollen Bewußtsein seiner jugendlichen Kraft *die ersten Schritte* auf dem Weg zu einem fernen, aber klaren Ziel *tut*, sondern das Bild eines Haufens von Menschen, die, *sich drängend und stoßend*, verwirrt und hilflos *hin und her laufen*, einmal hier und einmal dort *Halt und Schutz suchen* und nicht wissen, welchen Weg sie *einschlagen* und welchem Ziel sie *zerstreben* sollen.（続中級100, 34）（黒いアフリカが与えるのは，長い眠りから覚めて，手かせ足かせを投げ捨て，自分の若々しい力を十分に自覚して，遙かな，しかしはっきりとした目標に向かって足を踏み出そうとしている巨人のイメージではない．黒いアフリカが与えるのは，押し合い突きとばし合い，うろたえ，途方に暮れてあちこちと歩き回り，ここやかしこに支えと保護を求め，どちらへ進めばよいのか，どこを目指せばよいのか分かっていない人間の群のイメージである）

10.1.5.2.4. 感覚化

抽象的な内容を感覚的に捉える表現法を**感覚化** Versinnlichung という．

(53) Wie etwa für den jungen Kaufmann die Berührung mit anderen Ländern unerläßlich ist und ihn keineswegs der eigenen Heimat entfremdet, sondern nur seinen Blick über diese hinaus erweitert, so bedarf unser Geist des Blickes über die eigene Zeit hinaus, nicht um sich von dieser zu lösen, sondern, wie Hermann Hesse sagt, „um das Ohr zu gewinnen für die Weisheiten und Schönheiten, die durch alle Epochen der Kultur lebendig bleiben."（中級100, 69）（たとえば若い商人にとって外国に接することがどうしても必要なように，またそうしたからと言ってけっして彼を自分の

ふるさとから遠ざけてしまうことにはならないで，ただただ，彼の視野を故郷をはるかに越えた彼方にまで広げることになるのと同じように，我々の精神は自分の時代を超えるまなざしを必要とする．そうすれば，我々の精神は自分の時代から解放され，Hermann Hesseが言うように，いつの時代の文化をも通じて変ったことのなかった英知と美に対する耳を手に入れることができるのである）

このテクストの主題が若い商人でなくて，我々の精神であることは明らかであろう．我々の精神が現在に縛られないで永遠に通用する英知と美に対する感覚を得るにはどうすればよいか，という極めて抽象的な問題を考え，問題の答えを引き出すために，若い商人という感覚的に捉えることができる具体的な例を使ったのである．

10.1.5.2.5. 現前化

目で直接確かめることができない現象を目の前で起こっているかのように活写しようとする**現前化** Vergegenwärtigungも，送り手が受け手の興味を持続させるための表現技法の一つである．

下の例は少年少女向けの百科事典の「胃」を説明するテクストであるが，とくに第1パラグラフでは，胃を袋にたとえたり，胃からの出口という表現を使うことで具象的に胃の形状や腸との関係を説明するとともに，胃の消化運動と胃液のはたらきを目に浮かぶように説明しようと努めている．述語には具象的な意味の動詞が選んで使われている．

(54)　Das zerkaute Essen *rutscht* durch die Speiseröhre in den Magen. *Wie ein kleiner Sack* liegt er im Bauch. *Durch gleichmäßige Bewegung sorgt* der Magen *dafür, daß der zerkaute Nahrung mit Magensaft zu Brei vermischt wird. Den Blei schiebt er zum Magenausgang weiter*. Danach *kommt* der Speisebrei in den Darm.

　　　Fette Nahrungsmittel wie zum Beispiel Ölsardinen sind schwer verdaulich. Sie liegen ungfähr sechs Stunden im Magen. Fleischbrühe *belastet* den Magen nur ein bis zwei Stunden. (MGKL) (かみ砕かれた食物は食道を通って胃へ滑り落ちて行く．胃はちょうど小さな袋のようになっていて，腹部に納まってい

10.1. 表現

る．胃は規則正しい運動をして，かみ砕かれた食物が胃液と混じってお粥のようになるようにする．このお粥を胃は出口へ押しやる．すると，お粥のようになった食物は腸へ移って行く．脂っこい食べ物，例えばオイルサーディンなどはなかなか消化しない．だから6時間くらいは胃のなかに残っている．肉を煮出したスープなどは1，2時間くらいしか胃の負担にならない)

10.1.5.3. テクストの内容に対する送り手の態度

　送り手はテクストをただ単に作り出すだけではない．テクストの内容に対して何らかの態度をとっている．テクストの内容に対してできる限り中立的であろうとするのも，一つの態度である．しかし，送り手がテクストの内容に対して同調するにせよ反発するにせよ，態度を言葉に表すことも多い．そのような態度の言語表現には豊富なバリエーションが認められる．

　送り手が ich としてテクストに現れている場合には，送り手の態度は ich に関わるいろいろな表現に認められるが，そうでない場合にも送り手の態度がテクストのなかの言葉遣いにしばしば認められることは言うまでもない．

　送り手の態度として三つの典型が挙げられる．すなわち，同調的関与(10.1.5.3.1.)，客観化記述(10.1.5.3.2.)，それに拒絶的非関与(10.1.5.3.3.)．

10.1.5.3.1. 同調的関与

　同調的関与 engagierte Anteilnahme では，特定の人物や態度や考えを肯定的に評価すると同時に，対立する人物や態度や考えを否定的に評価する．

　次の例では，送り手 ich が瀕死の床で最後の頼みを告げる自分の伯父の老人を描写している．善良そのものの老人は，好きで結婚した妻を大切にするあまり，妻を極端にわがままにしてしまった．毎日の買い物すら彼がしなければならず，風邪を押して雨の日に買い物にでかけ，肺炎を起こしたのだ．彼が死の床にあっても，妻は買い物に行こうともしない．

(55)　Er schlug die Augen auf und sah mich an. *Sein Blick war so klar, daß ich erschrak*. Er versuchte zu lächeln, *sein altes, schwermütiges, resigniertes Lächeln*. Plötzlich begannen seine Augen umherzuirren. *Mühsam* sagte er: „Emily?"

　　„Sie ist da, sie schläft."

„Laß sie", flüsterte er. „Und verlaßt sie nicht." Ganz leise und *zärtlich* fügte er hinzu : „Sie ist so ein Kind. "(Erzähler, 246) （伯父は眼を開いた．そして私をじっと見た．彼の眼はおどろくほど澄んでいた．伯父は笑顔を作ろうとした．あの昔から見なれた，悲しげな，あきらめきった笑顔．突然，伯父はあたりを見回すように眼を動かし始めた．そして，やっとのことで言った．

「エミリーは」
「伯母さんはいるわ．あちらで寝んでるの」
「起こさないで」と伯父はかすれた声で言った．「あれを頼むよ」そして低い低い声で，しかし優しく，こう付け加えた．「分かるね．あれはねんねなんだ」）

　昔から伯父の伯母に対する献身的な愛と忍従をつぶさに知っている送り手は，伯父の無償の愛に驚嘆するとともに深く同情している．上の描写は一見したところ客観的に見えるが，まなざしや笑顔や話し方の形容に，伯父の優しさに対する送り手の感情がにじみ出ている．

　この伯父と対照をなすのが自己中心の権化のような伯母である．送り手の伯母の描写には，伯父への同情とあいまって，彼女に対する批判が現れざるをえない．徹夜で伯父に付き添った翌朝，伯母が様子を見に伯父の部屋へ入ってくる場面の描写．

(56)　Im Morgengrauen wachte Tante Emily auf. „*Lebt er noch ?* " fragte sie *laut*. Sie beugte sich über den Sterbenden, hob die Bettdecke und befühlte seine Beine. „*Bald*", murmelte sie, „*bald.*" *Sie ließ die Decke wieder fallen.* Dann *schlurfte* sie hinaus. *Ich hörte sie mit Herdringen und Töpfen hantieren.* (Erzähler, 247) （明け方，エミリー伯母は目覚めて，部屋へ入ってきた．「伯父さんまだ息があって」と彼女は大きな声で言った．そして，もう死ぬばかりの伯父の上に身をかがめて息を窺い，掛け布団を持ち上げて足に触ってみた．「長くないね」と彼女はつぶやいた．「長くないわ」，もう一度言って手から掛け布団を離した．そして靴を音高く引きずって出ていったかと思うと，台所で伯母がレンジの取っ手を廻し，鍋をがちゃがちゃいわせる音がした）

　こちらも一見したところ客観的な描写のようであるが，そのままに描いた

10.1. 表現

点に送り手の伯母への批判が反映している．夫の病室へ入って来るや大きな声で露骨に病人の容態を尋ねることから始まって，イタリック体で示した伯母の言うこと為すことの一つ一つに，冷淡さと無神経さと自己中心性がむき出しになっている．ちなみに伯母は，ハガキで呼び寄せた送り手とその夫にむかって，伯父が買い込んでおいた一週間分の食料は二日前に尽きてしまい，自分はまる二日何にも口にしていないと，まるで伯父の咎のように言ってのける女である．昨夜はそれを聞いてあきれた送り手の夫が食料品を買いに行って来た．

　まったく別の例をもう一つ挙げよう．インタビューの記事である．テクストに送り手は顔を出していないけれども，送り手はインタビューの受け手を好意をもって紹介している．

(57) *Sie passt in kein Klischee. Sie war immer anders als erwartet*: Giesela May, die Schauspielerin und Diseuse. Nach den ersten tastenden Versuchen als Schauspielerin und Soubrette galt für sie: Theater ist eine ernsthafte Sache. Auf Jungmädchen-Lieblichkeit war Giesela May deshalb nie aus. Sie hatte Lust auf die schwierigen Charaktere. Sie wollte Frauen zeigen, die sich durchzubeißen hatten. Nicht um die sture Kämpferin ging es ihr dabei und nicht um die stille Dulderin, sondern um die trotz allem tapfer und humorvoll Überlegene. (*Kulturchronik*, 5/99)　(月並みな言葉は彼女に合わない．彼女はいつも世間が期待したのとは違っていた．俳優で朗読家のこのGiesela Mayという女性がはじめ女優兼スブレット役のソプラノ歌手として手さぐりで何度もやってみて分かったのは，舞台は浮ついたものとは無縁だということだった．だからGiesela Mayは若い女のマスコットになりたいなどと一度も願ったことはない．ひたすら野心を燃やしてきたのはむつかしい役柄だ．したたかにがんばり抜いた女性を演じたかった．ただし，それは強情な女性の闘士でもなく，口数すくなく堪え忍ぶ女性でもない．あらゆる障碍に負けず，勇敢にそしてユーモアいっぱいに立ちまさっている女性を演じたかったのだ)

　テクストの冒頭のイタリック体にした二つの文のsieは，後に出てくるGiesela Mayを指す．名詞が先に出てきてそれを指す代名詞はあとから出て

くるのがふつうだが，ここでは逆の順序になっている．**後方照応** Kataphorik と呼ばれる指示形式である．ここでは読者に好奇心を抱かせるはたらきが期待されているが，このようなテクニックを用いるところにも送り手の Giesela May に対する好意が現れている．

10.1.5.3.2. 客観化記述

客観化記述 objektivierende Beschreibung では出来事や立場ができるだけ評価を抜きにして述べられる．下の例は，ある書物の内容紹介である．テクストの送り手の主観はまったく影をひそめ，書物がどのようなトピックを扱っているかということだけが述べられている．

(58) Über die Rolle der deutschen Sprache in den Organen der Europäischen Union wird ebenso diskutiert wie über die Funktion des Englischen als weltweite Verkehrssprache und Wissenschaftssprache. Konzepte von Mehrsprachigkeit für verschiedene Regionen werden entwickelt ; über die Zahl und Reihenfolge der Schulfremdsprachen wird neu nachgedacht; die Förderung der deutschen Sprache im Rahmen der auswärtigen Kulturpolitik ist Gegenstand intensiver Diskussionen. (*Letter*, 3/99)　（ヨーロッパ共同体の諸機関においてドイツ語が果たす役割が，世界的な共通語であり学問用語でもある英語の機能についてと同じように議論されている．互いに異る地域のために多言語主義を導入する構想が展開されているかと思えば，学校で授業される外国語の数や順位についても新たに考慮がめぐらされているし，対外的な文化政策の枠組みのなかでドイツ語をいかにして振興するかも徹底した議論の対象になっている）

10.1.5.3.3. 拒絶的非関与

拒絶的非関与 ablehnende Distanzierung では，内容に対する語り手の反感が述べられるが，本気で怒りをぶちまけるのから皮肉やあてこすりまで，幅は広い．

例(59)は，一人の母親がナチスの兵士に至近距離から射殺されようとして，なおも兵士に背を向けて子供を抱きしめ身をもってかばっている刹那を写し

10.1. 表現

た写真に添えられたキャプションである．1行目は見出しである．

(59)　Eine Mutter will ihr Kind im Tod noch schützen.
Die Einsatzkommandos in den besetzten Gebieten erschossen die Juden nicht nur mit MG-Salven － wie in „Holocaust" in der Szene aus Babij Jar gezeigt. Dort wurden in zwei Tagen 33000 Juden aus Kiew ermordet. Die SS-*Mörder* töteten ihre unschuldigen Opfer auch aus der Nähe. Die *Todesschützen* bekamen als Sonderzuschlage dafür Kaffee, Schnaps und Zigaretten. (*Stern*, H.6/'79)　(一人の母親が死に臨んでなおも子供を守ろうとする．/ 占領地区に投入された分遣隊は，ユダヤ人たちを機関銃の掃射－「ホロコースト」の Babij Jar のシーンで見せられたような－で撃ち殺したばかりではなかった．占領地区では二日のあいだにキエフのユダヤ人が33000人も殺されたが，ナチス親衛隊の人殺したちは罪もない犠牲者たちを至近距離から射殺することもした．射殺した者たちは，それに対する特別手当として，コーヒーとシュナップスとタバコを与えられた)

ここにはナチスの蛮行に対する激しい弾劾の言葉はほとんど見られない．むしろ中立的で客観的な描写に終始している．それだからと言って，送り手がテクストの内容に共感しているなどとは誰も思うまい．一見中立的で客観的な描写は，実はどこを探しても共感しようのない内容に対する送り手の反発の現れなのである．わずかに SS-*Mörder*「ナチス親衛隊の人殺したち」に非難の片鱗が覗いているが，それも続く文では Todesschützen「射殺した者たち」という客観的な表現で受けられている．そして，怒りが全面的に抑制されていることが，かえってテクストの印象を強めている．

10.1.5.3.5. パロディー・戯画化

　パロディー Parodie も戯画化 Travestie も，まじめなテクストを滑稽化しつつ模倣することを言う．風刺的な文学を生み出す技巧である．例 (60) は Goethe のバラード „Heidenröslein" をもじった作者不詳のシャンソンであるが，制作の動機はたんなる遊びであろう．あまり上品な例ではないので，第一節のみ引用しておく．なお，パロディーと言えば，軽い言葉遊びのように考えられがちであるが，動機としては遊びばかりでなく批判や立腹なども

考えられる．

(60) Das Seidenhöslein//Sah ein Knab' ein Höslein wehn, /－Höslein unterm Kleide！/War so weiß und blütenschön, /Knisterte beim Gehn und Drehn, /War von feinster Seide！ /Höslein, Höslein, Höslein weiß！/Höslein unterm Kleide！(Parodien, 120) （絹の下ばき．/少年は下ばきがひるがえるのを見た．/－ドレスの下の下ばきを．/それはとても白くて花のように美しかった．/そして，歩くたび，身をひるがえすたびにさらさらと衣ずれの音がした．/それは上等の絹でできていた．/下ばき，下ばき，白い下ばき，ドレスの下の下ばきよ）

細かく言えば，パロディーが原作の形式をそのままにして内容を滑稽化するのに対して，戯画化は，逆に，ある文学作品の原作の内容をそのままにしてそれにふさわしくない形式を与えることによって滑稽化する．滑稽化の実例は小説などに多いので，パロディーの実例のように簡単に示すのはむつかしい．著者はしかし，分かりやすい手近な例として，太宰治の短編小説「走れメロス」は Schiller の詩 „Die Bürgschaft"「人質」に対して戯画化 Travestie の関係にあるのではないかと考える．同作品の末尾に「古伝説と，シルレルの詩から」と書かれていて，話の筋はまったく同じだし，人間の信頼と友情の美しさを讃えている点では，けっして滑稽化ではないのだが，小説の随所に太宰らしいユーモアがちりばめられているからである．

10.1.6. 表現と描写

　送り手は受け手の意識のなかに表現対象のあり方や動きなどを再現することを目指す．その際になるべくまざまざと再現しようと試みるのは言うまでもないが，そのように再現することを描写という．描写には上で考察した表現のタイプのいずれかが選ばれる．あるいはタイプが組み合わせて用いられる．

10.1.6.1. ありさまの描写

　ありさまの描写は映画的表現に似ている．ありさまをカメラがなめるように端から端まで写してゆく．また，ときにはズームレンズが一部を拡大して

10.1. 表現

映し出す．

下のテクストでは，一人の詩人が知り合いの女性画家のアトリエを訪問したときのアトリエのありさまが描写されている．

(61) Ungehindert überflutete das goldige Licht des hellen Nachmittags die weitläufige Kahlheit des Ateliers, beschien *freimütig* den ein wenig schadhaften Fußboden, den rohen, mit Fläschchen, Tuben und Pinseln bedeckten Tisch unterm Fenster und die ungerahmten Studien an den untapezierten Wänden, beschien den Wandschirm aus rissiger Seide, der in der Nähe der Tür einen kleinen, *stilvoll* möblierten Wohn- und Mußewinkel begrenzte, beschien das werdende Werk auf der Staffelei und davor die Malerin und den Dichter. (Th.Mann 82, 27) （晴れた午後の金色の光が邪魔になりそうな物を一切置いていない広々としたアトリエの隅々にまで溢れた．光は少し痛んでいる床にも遠慮なく射し，窓の下に据えた，小瓶やチューブや筆をところせましと並べた粗い木組みの台に射し，まだ額縁に入れずに粗面の壁に掛けてある習作に射していた．光はまた，ドアに近い一角にしゃれた家具を置き休憩兼リビングのコーナーに区切ってあるところどころ裂けた絹のスクリーンに射し，イーゼルのうえの制作中の作品に射し，その前に立つ画家と詩人にも射していた）

描写はカメラの場合と変わらない．送り手はまずアトリエ全体のあり方を述べ，次に床を写生し，木組みの台を描写し，さらに壁面に目を動かし，リビング・コーナーを区切るスクリーンへと目を移し，イーゼルのうえの作品に移し，さいごに登場人物の二人に注目する．ほとんどが記述的表現であって，僅かに *freimütig*「遠慮なく」という言葉と *stilvoll*「しゃれた」という言葉が送り手の主観をかいま見せている箇所だけが印象的表現になっている．

ここで見たのは物のありさまの描写である．人物のありさまの描写も観察しよう．上のテクストに引き続いて画家のありさまが次のように描写されている．

(62) Sie *mochte* etwa so alt sein wie er, nämlich ein wenig jenseits der Dreißig. In ihrem dunkelblauen, fleckigen Schürzenkleide saß sie auf einem niedrigen Schemel und stützte das Kinn in die Hand.

Ihr braunes Haar, fest frisiert und an den Seiten schon leicht ergraut, bedeckte in leisen Scheitelwellen ihre Schläfen und gab den Rahmen zu ihrem brünetten, slawisch geformten, *unendlich sympathischen* Gesicht mit der Sumpfnase, den scharfherausgearbeiteten Wangenknochen und den kleinen, schwarzen, blanken Augen. *Gespannt, mistrauisch* und *gleichsam gereizt* musterte sie schiefen und gekniffenen Blicks ihre Arbeit ... (Th.Mann 82, 27 f.) (彼女の歳は彼とおなじくらいらしかった．つまり30歳を越したくらいの年頃であった．絵の具で汚れたダークブルーの上っ張りを着て，低いスツールに腰掛け，片手で頬杖をついていた．きちんと櫛を入れた彼女のブラウンの髪は，両側がはや少しグレイになっていたが，ゆるやかに波打って両のこめかみのあたりまで届いていて，どこまでも感じのいいスラブ人らしい形の暗褐色の顔の縁取りを作っていた．鼻は丸く，頬骨は高く，小さな黒い目がきらきらと輝いていた．彼女は，息をこらして，疑わしげに，いらいらした様子で，自分の作品を斜めから横目使いに試し見しているところであった）

　最初の三行は画家の全体を述べている．彼女の年格好，服装，ポーズなどが見えたとおりに描かれている．そのあとは彼女の首から上の部分の描写に移り，まず髪が描写され，続いて顔の輪郭と造作が述べられ，最後に目のありさまが叙述される．ここまでは映画的手法にならった記述的表現であるが，画家を描写する際に逸することができないと思われる目つきの描写だけは印象的描写である．すなわち，gespannt「息をこらして」，miꞵtrauisch「疑わしげに」，gleichsam gereizt「いらいらした様子で」という三つの表現は送り手が受けた印象である．

10.1.6.2. 風景の具体的描写

　下の風景描写でも映画的手法が採られている．すなわち，送り手は登場人物である子供たちの立場に立って彼らの眼に映る景色を描いているが，上の例と違う点は，この場合は送り手の視線が部分から部分へと移動していかないことである．送り手はあくまでも一点から視線を正面に向け，目が届く限りの景色を描写している．

10.1. 表現

(63) So weit die Augen der Kinder reichen konnten, war lauter Eis. Es standen Spitzen und Unebenheiten und Schollen empor wie lauter furchtbares überschneites Eis. Statt ein Wall zu sein, über den man hinübergehen könnte, und der dann wieder von Schnee abgelöst würde, wie sie sich unten dachten, stiegen aus der Wölbung neue Wände von Eis empor, geborsten und geklüftet, mit unzähligen blauen, geschlängelten Linien versehen, und hinter ihnen waren wieder solche Wände, und hinter diesen wieder solche, bis der Schneefall das Weitere mit seinem Grau verdeckte. (Stifter, 210) （幼い兄妹の目の届くかぎり，見えるのは氷ばかりであった．とがったもの，凸凹なもの，塊になったものがたくさんそびえ立っていたが，それらはみな雪に覆われた恐ろしい氷であった．それらは，乗り越えて行けるような土手ではなかった．そのうえ，子供たちが麓の村で考えていたような，乗り越えるとまたしても平たい雪が続いているような土手ではなかった．これらの塊が山のようになっているその背中には氷の土手がさらにそびえ立っていた．氷にはひび割れと裂け目ができていて，表面には曲がりくねった青い線が無数に走っていた．そして，その背後には同じような氷の土手が，そのまた後ろにも同じような氷の土手が．さらにその向こうにはいったい何があるのやら，曇り空に降りしきる雪のために窺い知ることができなかった）

表現はほとんどが記述的であるが，氷の土手の描写である関係文 über den man hinübergehen könnte und der dann wieder von Schnee abgelöst würde, wie sie sich unten dachten「乗り越えて行けるような…そのうえ，子供たちが麓の村で考えていたような，乗り越えるとまたしても平たい雪が続いているような」は説明的である．この説明のおかげで，受け手は兄妹の前に立ちふさがる氷の山がなみなみならぬ障碍であることを理解する．送り手の主観を思わせる印象的表現がこのテクストに認められないだけに，かえって受け手はアルプスの山中で道に迷い降りしきる雪のなかで前途の障碍を見つめて途方に暮れる幼い兄妹の不安を共にする．

10.1.6.3. 動きの描写

(64) „Das Ende!" *sprach* er leise vor sich hin; dann *ritt* er an den Abgrund, wo unter ihm die Wasser, unheimlich *rauschend*, sein Heimatdorf *zu überfluten begannen*; noch immer *sah* er das Licht von seinem Hause schimmern; es war ihm wie entseelt. Er *richtete* sich hoch auf und *stieß* dem Schimmel die Sporen in die Weichen; das Tier *bäumte sich*, er hätte sich fast überschlagen; aber die Kraft des Mannes *drückte* es *herunter*. „Vorwärts!" *rief* er noch einmal, wie er es so oft zum festen Ritt gerufen hatte: „Herr Gott, nimm mich; verschon die andern!"

Noch ein *Sporenstich*; ein *Schrei* des Schimmels, der Sturm und Wellenbrausen *überschrie*; dann unten aus dem hinabstürzenden Strom ein dumpfer *Schall*, ein kurzer *Kampf*. (Storm, 107) (「もうおしまいだ」と彼は低くひとりつぶやいた。それから、崖っぷちへと馬を進めた。はるか眼下では洪水がどよめきながら彼の生まれた村を水浸しにし始めていた。彼の家の灯りは依然として見えていたが、彼には魂のぬけがらのように思われた。彼は馬上で背筋を伸ばすと、馬の脇腹に拍車をあてた。馬は棒立ちとなった。彼はあやうく仰向けに落馬しそうになったが、力ずくで馬を抑え、再び馬に命じた。「前へ」。その声は、彼が平素馬をしっかりと歩ませようとしてよく呼びかけたのと少しも変わらなかった。「神よ、私をお召し下さい。そして、村の者はお許しください」

ふたたび拍車、白馬の高いいななき。しかし、嵐と波のどよめきがそれをかき消す。次の瞬間、波がどっと崩れかかり、波の下ににぶい響き。あっと言う間の闘い）

動きの描写は時間の進行に沿って行われる。したがって、行為や現象を表す動詞が多く使われる。上の例ではそれらをイタリック体で示した。それらの動詞はたいてい人称変化した定動詞であるが、ときには分詞や不定詞の形をとることもある。このテクストでは騎手の動きと、馬の動きと、怒濤の動きが連続して描かれる。文は短く、そのためにいろいろな動きが畳みかけるようにして述べられる印象を与える。

けれども、動きが極度に緊迫し、動きがむしろ刹那のかたちとして捉えら

れると，動詞ではもはや間に合わなくなって，名詞として表される．最後の3行に含まれた *Sporenstich* の Stich は動詞 stechen「突く」の動作名詞（→1.1.2.2.）であるし，Schrei「叫び」も Schall「響き」も Kampf「闘い」もそれぞれ動詞 schreien「叫ぶ」，schallen「響く」，kämpfen「戦う」に対応する動作名詞である．こうして動きを表す名詞を並べられるとき，受け手が受ける畳みかけられるという印象は極度に高まる．

　動きの描写には記述的表現を用いるのが一般であるが，そこに印象的表現や説明的表現が混じっても不都合なわけではない．テクスト例でも，es war ihm wie entseelt「彼には魂のぬけがらのように思われた」は印象的表現であるし，wie er es so oft zum festen Ritt gerufen hatte「彼が平素馬をしっかりと歩ませようとしてよく呼びかけたのと変らない」は説明的表現である．

10.1.6.4． 言葉の描写

　言葉を描写するというのは，登場人物の発話をテクストのなかで再現することである．登場人物がどんな対話を交わしたか，あるいはどんな独白を述べたかを再現しようとすると，道は二つに分かれる．すなわち，登場人物の発話を直接に，つまり言葉どおりに再現するか，あるいは，間接的に，つまり送り手を通して再現するかである．学校文法では前者が直接話法と呼ばれ，後者は間接話法と呼ばれる．

　登場人物の発話や独白を直接話法で再現する形式が実際の発話に最も近い再現形式であるのは言うまでもない．そのため，この形式は舞台におけるドラマやラジオ・ドラマの脚本に使われるし，小説では対話部分の再現をはじめ独白の再現にも使われている．舞台の場合は，受け手は登場人物が発話するさまを自分の目や耳で確かめることができるが，小説などの受け手にはそれができない．そこで登場人物の話しぶりを送り手が説明しなければならない場合が出てくる．

　登場人物の発話や独白を直接話法で再現すると，再現された部分は登場人物の表現形式にしたがって記述される．一方，発話の部分以外の部分，つまり発話の部分から言えばコンテクストの部分は送り手の表現形式にしたがって記述されるから，もし登場人物が特異な話し方をする人物であれば，テクストには発話部分とコンテクスト部分とで異種の表現形式が並存することになる．もし，登場人物の発話や独白を間接話法で再現すると，再現された部

分も送り手の表現形式にしたがって叙述されるから，テクスト全体は送り手の表現形式一本で統一的に叙述される．

　直接話法と間接話法の相違をパースペクティブ（→10.1.3.1.）という観点からも考えてみよう．登場人物の発話や独白を直接話法で再現するということは，登場人物が自分のパースペクティブに従って述べるとおりに発話や独白の部分を再現することを意味する．一方，コンテクストの部分は送り手が自分のパースペクティブに従って叙述するから，テクスト全体は送り手のパースペクティブと登場人物のパースペクティブの二本立てで叙述されることになる．厳密には，登場人物が複数であれば，テクストのパースペクティブの数もそれに比例して増えるわけであるが，パースペクティブの種類は二種にとどまるから，その意味で二本立と呼んでおく．

　他方，登場人物の発話や独白を間接話法で再現するということは，発話や独白の部分が送り手のパースペクティブに従って叙述されることを意味する．すると，発話の部分以外の部分はもともと送り手のパースペクティブに従って叙述されているのであるから，テクスト全体は送り手のパースペクティブ一本で統一的に叙述されることになる．

　直接話法と間接話法の相違は，それゆえパースペクティブが二本立てであるか一本であるかということに通じるのであるが，実際の文学作品のテクストでは，直接話法による再現か間接話法による再現かという単純な二者択一ではなくて，形式が組み合わされて，さまざまなバリエーションが現れる．いろいろな発話の再現形式を駆使することによって，作家はテクストの一部あるいは全体にわたって受け手である読者に描写に身近な印象を与えることもできるし，逆に，距離をおいた印象を与えることもできる．そのことを実例で観察しよう．

10.1.6.4.1.　発話の直接的な再現

　若いカップルが公園のベンチで言葉を交わしている．ドイツがまだ東西に分割されていた時代である．男女とも黒人で，男はアメリカ兵，女は男のドイツでのかりそめの恋人のようである．兵士は故郷のカリフォルニアの植物園の様子を語ってきかせている．

(65)　„There we have roses", sagte er „Acres of acres!"
　　　„Oh, roses!" meinte sie *bewundernd. Deutscher Akzent.*

10.1. 表現

„Just roses", sagte er *freudig*. „White roses, red roses, yellow roses, blue roses …"
„Blue roses?" unterbrach sie ihn, *ungläubig lächelnd*.
„Ye-ah!" erwiderte er *gereizt*. „Blue roses!"
Sie brachen beide in ein Gelächter aus. Dann gähnte er laut. Als sie vor sich hinsah, entschuldigte er sich, und sie lachten wieder über seine Entschuldigung. (Erzähler, 28) (「そこにバラが植えてあるんだ」と男は英語で言った．「何エーカーも何エーカーもだ」．「まあ，バラが」と女は感心したように言った．彼女の英語にはドイツ語の訛がある．「そうさ，バラだけでだよ」と男は気をよくして続けた．「白いバラや赤いバラや黄色いバラや青いバラや…」「青いバラ？」と女はさえぎった．信じられないといった微笑を浮かべている．「ん？そうさ」男は怒ったように言った．「青いバラよ」．二人はそこでどっと笑った．そして男は音高くあくびをした．女はつんとして正面を向いてしまう．男は謝った．そして二人は，男の謝った様子がおかしかったといってまたしても笑いこけた）

ここでは二人のやりとりが文字のうえで直接的に再現されているばかりではない．会話のやりとりとはたんなる言語的メッセージの交換ではなくて，平行して非言語的メッセージをも交換することであるが，上の例では非言語的メッセージの交換も描写されている．bewundernd「感心したように」とか freudig「気をよくして」とか ungläubig lächelnd「信じられないといった微笑を浮かべて」とか gereizt「怒ったように」とかいう描写は，それぞれ発話者の心の動きを伝える非言語的メッセージを送り手が記述したものであるが，それは結局，登場人物の話しぶりについての送り手の説明である．ちなみに，これらの非言語的メッセージはしばしば言語の音声面に現れる．例えば，声の強さや高さ，話す速さや発音の仕方などから，聞き手は話し手の心の動きその他の情報を得る．その場合の音声のメッセージを**パラ言語的表現手段** paralinguistische Ausdrucksmittel と呼ぶ．Deutscher Akzent「ドイツ語の訛」も無論それである．

さらに，本来は動詞で再現されるはずの発話の行為が名詞の形で再現されていることにも注意したい．最後の行の seine Entschuldigung「男の謝った様子」がそれで，wie er sich entschuldigt hatte とパラフレーズ（→10.2.

— 63 —

表現・文体

11.3.2.) してみれば，本来の姿が理解できるであろう．

10.1.6.4.2. 発話の間接的な再現

発話が間接話法によって再現される場合，間接性の程度はさまざまである．発話が例(66)のように，発話者の名と伝達動詞が挿入された副文の形で挙げられる場合は，送り手がテクストを統御している印象が強く感じられる．

(66) Der(=der Mond. Verf.)war, *wie Mamuschka erzählte*, ganz früher ein Kind der Sonne und so dicht neben ihr, daß kein Mensch sie von einander unterscheiden konnte. Aber während Mutter Sonne nur die Schönheit und Würde der Zarin in Petersburg hatte, war ihr Kind dazu noch so wild und unbändigt, wie der heißblütigste Tscherkesse nach einer Flasche Wodka. (Erzähler, 263) （月は，Mamuschka の語るところでは，大昔は太陽の子供だった．そして太陽のそばにぴったりと寄り添っていたので，人間の眼には二人は区別できないほどだった．けれども，母親の太陽がただただ Petersburg の女帝の美しさと威厳を備えているだけだったのに比べると，娘の月のほうは，美しくて威厳があるうえに，ウオッカを一瓶あおったコーカサスの熱血のチェルケッセ族のように荒々しくて奔放であった）

発話が接続法第 I 式を基本の法 Modus（→1.1.3.4.）とする間接話法で再現される場合，一般的な形式としては，発話者を主語とし伝達動詞を述語とする主文が作られ，発話の内容はその主文に従属する副文の形をとるから，その分だけ発話者の存在が認知されている印象が強くなる．もっとも，発話者の存在が認知されると言っても，送り手が発話を元の内容にほぼ忠実に再現する場合と，発話の内容の要点をかいつまんで再現する場合とでは，また間接性の印象に差がある．後者の場合のほうが間接性の印象が強い．

(67) 1933, als die Nationalsozialisten an die Macht kamen, ging es Herrn F. zum ersten Mal auf, daß seine Frau Jüdin war. Kurz danach *machten Bekannte ihn darauf aufmerksam*, daß es besser für ihn und seine Arbeit *sei*, wenn er sich scheiden *lasse*. (Erzähler, 49) （1933年にナチスが政権の座についたときはじめて，F 氏は妻がユダヤ人であることが何を意味するか理解した．その直後，

知人たちが F 氏に離婚したほうが彼のためにも仕事のためにもいいぞと注意を与えてくれた）

上の例では発話者は Bekannte「知人たち」であり，伝達動詞に当たるのは jn. auf et. aufmerkasam machen「ある物・事にたいしてある人の注意を促す」である．発話の内容を伝える部分の冒頭に接続詞 daß が省略されていないこととあいまって，発話の要点のみ紹介されている印象が強い．

　発話が元の内容にほぼ忠実に再現されるにせよ，かいつまんで再現されるにせよ，発話がそもそも間接的に再現される場合は，送り手は終始一貫して登場人物の行為も発話も登場人物の外側から描く．つまり，コンテクストの部分も発話の部分も送り手のパースペクティブ一本によって描く．この点は，間接性の印象の程度がさまざまであっても，一貫して共通している．

10.1.6.4.3. 内的独白－心理の描写

　独白が舞台のように実際に口に出して言われるのではなくて，心のなかで言われたとすると，これは**内的独白** innerer Monolog となる．内的独白は**内語**ともいう．しかし，舞台での独白との違いは，本来は話者が声に出して言うはずのものを声に出さないで言うという現象的な違いなのであるから，再現された外形は直接話法と変わらない．したがって，内的独白の場合も直接話法の場合とおなじくパースペクティブは二本立てである．ただし，引用符は省かれることが多い．内的独白部分には独白する人物が ich として現れる．また，まれには独白する人物が du で呼びかけられる存在として現れる．内的独白の基本時称は現在で，基本となる法は直説法である．

　内的独白では発話が実際に口に出して言われるのではないのであるから，伝達動詞は denken がふさわしいが，[zu] sich³ sagen になっている例を挙げよう．

(68) Roman Brimbora *sagte sich* damals: Die Leute um *mich* herum haben viel Geld, und *ich* habe keins, wieso kommt das? Bin *ich* etwa dümmer als der Fleischermeister Nierobisch, Bäckermeister Pawletta, Gemüsehändler Brylka oder gar der Seifenhändler Kulik? Die stehen alle in blitzblanken Läden hinter blitzblanken Tischen, ihre Frauen tragen blitzblanke Schürzen, und alle fragen sie nur egalweg: „Sie wünschen?"... (Erzähler, 297)

(Roman Brimbora は当時こういうふうに自分に言って聞かせたのだった．俺のまわりの人間は金持ちだ．それに比べて，俺には金がない．これはいったいどうしたことだ．この俺が肉屋の Nierobisch よりも，パン屋の Pawletta よりも，八百屋の Brylka よりも，いやさ石鹸売りの Kulik の奴よりも間抜けだとでもいうのか．あいつらは皆，ぴかぴかの店で，ぴかぴかのカウンターの前に立ってやがって，奴らの女房ときたらさらっぴんのエプロンを着けて，どいつもこいつも，のべつまくなしに「いらっしゃいませ．何にいたしましょう」とぬかしてやがる…)

送り手はテクストの最初の文では登場人物 Roman Brimbora を外側から描いている．しかし，コロンからあとは登場人物の立場に立って，つまり登場人物の眼を通して描いている．そこで，このテクストの独白の部分は独白する人物のパースペクティブによって描かれ，コンテクストの部分は送り手のパースペクティブによって描かれるというパースペクティブの二本立てになっている．これが間接話法による発話の再現部分を含むテクストと，内的独白の部分を含むテクストの違いである．

伝達動詞が denken になると，内的独白は登場人物の心に浮かんだ考えや疑いや感情などが送り手を通して再現されることがいっそうはっきりするので，理念的には，再現が間接的であるという印象は伝達動詞が [zu] sich sagen の場合よりも強いことになる．ちなみに，ある人物の頭のなかに生じた考えを本人でない第三者が推測することはできても，具体的に窺い知ることは不可能である．ましてや見てきたかのように言葉で表すことなど論外である．しかし，その論外が許されるのが物語や小説の特徴である．歴史書ならある人物がこのように考えたと言い切るためには確たる客観的な証拠が必要であるが，物語や小説では，作者はなんら確たる客観的な証拠なしに登場人物がこのように考えたとか，感じたとか述べてよい (Käthe Hamburger : *Logik der Dichting*)．

直接話法で再現された発話と，伝達動詞が [zu] sich sagen の場合の内的独白と，伝達動詞が denken の場合の内的独白の三者を表現の言葉使いの上で区別するのは困難である．直接話法と内的独白の書記上の違いは，せいぜい引用符が付いているか付いていないかの違いくらいであろうが，その引用符ですら作家によっては直接話法の場合でも省かれることがあるので，あまり

10.1. 表現

有力な手がかりとは言えない．

例(69)では妻の心に浮かぶ思いが，伝達動詞 denken を使って内的独白の形で述べられている．彼女と夫は12年間もの別居ののち今離婚について話し合っている．夫は窓からかなたを見やっており，彼の背後でベッドの端に腰掛けている妻には夫の背中しか見えない．夫はさっき一度だけ振り返ったが，その時は妻は泣いてうなだれていて，夫の眼を見ていない．

(69) Sie blickte wieder auf seinen Rücken. Ja, *dachte sie*, er *ist* alt. Aber *ich bin* viel, viel älter. Zum Beispiel Kinder kriegen *kann ich* jetzt sicher nicht mehr. Zwölf Jahre ... (Erzähler, 28) （彼女はふたたび夫の背に眼を注いだ．そうね，と彼女は思った．この人も年とったわ．でも，私のほうがずっと，ずっと年とってしまった．子供なんかでも今からではもうきっと生むことができない．12年も経ってしまったのだもの…）

送り手は第1の文では登場人物を外側から描いている．続いて dachte sie を介して登場人物の心のなかに入り込み，登場人物の眼を通して描いている．内的独白では，実際の発話ではなくて独白する人物の心に浮かぶ考えや疑いや感情や連想などをその人物の言葉を借りて送り手が述べることになってしまうので，この再現形式は，結局，独白する人物の心理を送り手が描写する表現手段である．

10.1.6.4.4. 体験話法－心理の描写

内的独白の例をもう一つ考察しよう．例(70)のテクストに伝達動詞は見当たらない．しかし，Ein heftiger Trotz bäumte sich in ihm「激しい反抗がむらむらと彼の心のなかに起こってきた」という表現が伝達動詞 denken の代わりをしていて，この表現に続く下線部は少年の内的独白であることが分かる．主人公の少年は大晦日の深夜に父の落とした財布のことで，胆石の発作に苦しむ父の代わりに警察署にやって来た．事情聴取のあと警官が彼を家まで送ってくれることになったが，自分はもう一人前だと信じている少年にはそれが気に入らない．

(70) Dem Knaben war das Gefühl, von einem Polizisten eskortiert zu werden, im höchsten Grade zuwider. *Ein heftiger Trotz bäumte sich in ihm*: Ich bin zwölf Jahre alt. Das ist schon etwas. Und ich

— 67 —

brauche nicht wie ein Delinquent auf der Straße geführt und zu Hause abgeliefert zu werden....（aus Urzidil, 36, umgeschrieben vom Verfasser）（少年には，警官に護衛されて行くのがとてもたまらなく感じられた．激しい反抗心がむらむらと起こってきた．僕は12歳だ．12歳と言えば，もうひとかどのものだ．それに僕には犯罪人のように通りを連れて歩かれて家で引き渡されなければならない理由なんかない…）

テクストのパースペクティブは二本立てである．すなわち，Ein heftiger Trotz bäumte sich in ihm. までは送り手のパースペクティブによって少年を外側から描き，それ以下は少年の心のなかへ入り込み，少年の目を通して，すなわち少年のパースペクティブによって描いている．少年を ich で表していることからそれがはっきりと分かる．

それでは，テクストのパースペクティブを送り手のパースペクティブ一本に統一するにはどうすればよいであろうか．内的独白の部分を間接話法に改めるのは一つのやり方である．すなわち，

(71) Dem Knaben war das Gefühl, von einem Polizisten eskortiert zu werden, im höchsten Grade zuwider. *Ein heftiger Trotz bäumte sich in ihm*, er sei zwölf Jahre alt. Das sei schon etwas. Und er brauche nicht wie ein Delinquent auf der Straße geführt und zu Hause abgeliefert zu werden...

たしかにパースペクティブは一本となる．登場人物の少年を心の動きにいたるまですべて送り手が描く形となり，テクストの途中でパースペクティブの切り替えは起らない．けれども，この書き換えには若干の抵抗を感じる．それは，内的独白そのものが登場人物の言葉を借りる形をとりながら，実は送り手が登場人物の心の動きを再現しているという意味で，すでに間接的であるのに，そのうえに間接話法によって間接的にするのは二重手間だということである．

そこで，この二重に間接的であるという抵抗感を取り除くために，間接話法に改めた内的独白の接続法第Ⅰ式の部分を直説法過去に書き改めてみる．

(72) Dem Knaben war das Gefühl, von einem Polizisten eskortiert zu werden, im höchsten Grade zuwider. *Ein heftiger Trotz bäumte sich in ihm*. Er war zwölf Jahre alt. Das war schon etwas. Und

10.1. 表現

> er brauchte nicht wie ein Delinquent auf der Straße geführt und zu Hause abgeliefert zu werden. (Urzidil, 36)

　内的独白の部分を直説法過去に書き改めると，テクスト全体が送り手によって描かれているという印象が明瞭になって，すっきりする．しかも，送り手が登場人物を外側から描きながら，なおかつ内的独白にあたる部分では登場人物の眼を通して述べているという印象を作り出すことができる．これが**体験話法** erlebte Rede と呼ばれる内的独白の再現形式である．「体験」とは，送り手が送り手という立場は捨てないで（だから登場人物はあくまでも三人称で指される），しかも登場人物の身になってその人物の経験をするという意味である．

　このように，①直接話法の形式を使った内的独白→②内的独白の部分の間接話法化→③さらに間接話法部分に含まれる接続法第Ⅰ式の直説法への書き換え（コンテクストにあわせるから，普通，過去形となる），という手順を踏めば，内的独白を体験話法で表現することが基本的に可能になるわけであるが，細部に注意すべき点が三つある．一つは，下のように，②の間接話法に未来の助動詞 werde が含まれていれば，wurde ではなくて würde に改めること，もう一つは am anderen Tag をふたたび①の直接話法におけるとおなじように morgen に戻すこと．時間・空間の添加語は直接話法のものを用いる（*Duden Grammatik*, 173）．さらに，伝達動詞は省くこと．

① Er dachte: „Morgen gehe ich ins Theater. Ich werde mir ‚Die Nashörner' ansehen."
② Er dachte, daß er am anderen Tag ins Theater gehe. Er werde sich „Die Nashörner" ansehen.
③ *Morgen* ging er ins Theater. Er *würde* sich „Die Nashörner" ansehen.

　例(72)はオリジナルの作品では次のように続いている．登場人物の少年の目を通して述べていた送り手が，テクストのある箇所から再び少年を外側から描く描き方に戻っているが，それがどこであるか分かるだろうか．

(73) Dem Knaben war das Gefühl, von einem Polizisten eskortiert zu werden, im höchsten Grade zuwider. *Ein heftiger Trotz bäumte sich in ihm*. Er war zwölf Jahre alt. Das war schon etwas. Und er brauchte nicht wie ein Delinquent auf der Straße geführt und

zu Hause abgeliefert zu werden. Er war allein ausgegangen, um zu beweisen, daß er etwas leisten könne. Er wollte dem Vater behilflich sein. Er liebte den Vater. So, wie er war, liebte er den Vater, mitsamt seinem Jähzorn und seiner gottähnlichen, ohrfeigeverteilenden Herrlichkeit. Er wollte seine Sache allein zu Ende bringen. Er sprach kein Wort. Er dachte angestrengt darüber nach, wie er den Polizeimann loswerden könnte. (Urzidil, 36 f.) (少年には，警官に護衛されて行くのがとてもたまらなく感じられた．激しい反抗心がむらむらと起こってきた．自分は12歳だ．12歳と言えば，もうひとかどのものだ．それに自分には犯罪人のように通りを連れて歩かれて家で引き渡されなければならない理由なんかない．一人前のことができるのを見せたくて，ひとりで出かけてきたのだ．自分は父の役に立ちたいのだ．父が好きだ．今の父が好きだ．癇癪持ちで，自分より偉い者はこの世にいないみたいにして，ときにはビンタまで食らわされるけれど，あんな父が好きなのだ．自分が始めたことは独力でやり遂げるぞ．少年は一言も口をきかなかった．そして，どうしたら警官をまけるかということばかり考えた)

テクストの下から2行目の Er sprach kein Wort「少年は一言も口をきかなかった」は少年のありさまを少年の外側から描いているので，送り手はこの文から再び登場人物を外側から描く描き方に戻ったことが分かる．なお，体験話法では訳文に工夫がいる．一人称の「私」を使わないで，なおかつ登場人物の眼を通してすべてを描いていることを読者に分からせなければならないからである．体験話法の訳文のところどころにノダを使うと，説明している人物としての登場人物の存在を明確にすることができる．体験話法の訳文では，内的独白に当たる部分が現在止めになるのは一般的だと考えてよい．

次の例で体験話法の箇所を見つける練習と，それを日本語になおす練習をしてみよう．Arthur Schnitzler の *Der blinde Geronimo und sein Bruder* から引用した．目が不自由な弟がギターを引きつつ歌い，兄が金を受ける旅芸人の兄弟が，旅人のいたずらから仲違いをする．弟は兄が金貨を隠したと思いこんでいる．

(74) Geronimo sang; Carlo stand neben ihm, fassungslos. Was sollte

10.1. 表現

er nur tun? Der Bruder glaubte ihm nicht! Wie war das nur möglich? — Und er betrachtete Geronimo, der mit zerbrochener Stimme seine Lieder sang, angstvoll von der Seite. Es war ihm, als sähe er über diese Stirne Gedanken fliehen, die er früher dort niemals gewahrt hatte. (Schnitzler, 17f.) （Geronimo は歌った．Carlo は呆然として弟の横に立っていた．自分はいったいどうしたらいいのだろう．弟は信用してくれない．どうしてまたこんなことになってしまったんだ．Carlo は不安で胸がいっぱいになり，割れた声で持ち歌を歌い続けている Geronimo の様子を脇から窺った．Carlo には，かつて彼がそこに潜んでいると気づいたこともなかった考えが Geronimo の額のあたりを行ったり来たりしているのを目のあたりに見るような気がした）

　テクストの 1 行目から 2 行目にかけての Was sollte er nur tun?「自分はいったいどうしたらいいのだろう」から 2 行目から 3 行目にかけての Wie war das nur möglich?「どうしてまたこんなことになってしまったんだ」までが，Carlo の内的独白が体験話法を使って再現された部分である．体験話法の部分を挟むコンテクストの部分は，Carlo を外側から描いている．

10.1.7. テンス

10.1.7.1. 語りの時制と論評の時制

　一般にドイツ語のテクストにおけるテンスの使用について有名な区分がある．それは，**論評の時制** besprechende Tempora と**語りの時制** erzählende Tempora という二つの区分で，Harald Weinrich が唱えた．ドイツ語では，現在 Präsens, 現在完了 Perfekt, 未来 Futur, 未来完了 Futur I が論評の時制に属し，過去 Präteritum, 過去完了 Plusquamperfekt, 条件法 I Konditionalis I, 条件法 II Konditionalis II が語りの時制に属する．条件法 Konditionalis とは，別名，約束法ともいい，副文が表す仮定的前提に対して仮定的結論を述べる主文に使われる接続法 II 式を würde を用いて書き換えた形式をいう（→第 1 巻第 III 部表 37, 38）．論評の時制は，具体的には抒情詩，ドラマ，対話，文学エッセイ，学問散文，哲学散文などで使われる．そして語りの時制は，短編小説や長編小説，その他あらゆる種類の物語形式において

— 71 —

使われる．つまり，テンスは送り手のテクストを作成する際の態度のシグナルとしてはたらいている．なお，テンスをこのようにテクスト内容に対する送り手の態度のシグナルとして解釈する場合には，「時称」ではなくて「時制」と訳するのがふつである．

例えば，普仏戦争の勃発はドイツ史の書物の年表では，

(75) Frankreich *erklärt* Preußen den Krieg.（フランスはプロシャに宣戦布告する）

と現在形で記述されているのに，同じ書物の本文では宣戦布告の事情を，

(76) ..., und die französische Regierung *erhielt* einen Schlag, auf den es nur eine Antwort *gab*.（他方，フランス政府は大いなる侮辱を感じ，侮辱に対してはただ一つの回答でもって応えた）

と過去形で述べている．普仏戦争におけるフランスの宣戦布告という歴史的事実は，年表では論評され，本文では語られていると言うことができる．小説はふつう過去を基本時制として書かれるが，同じ小説のあらすじは現在形で紹介される．この時制の使い分けも，上の年表と本文における使い分けと同じ現象である．

10.1.7.2. 叙事的過去

小説をはじめとする物語形式のテクストでは，Weinrich のいう論評の時制ならびに語りの時制がところどころで切り替えられて，併用される場合もあるが，一方では語りの時制で終始している作品も多い．後者の場合は，過去形が基本的なテンスとなる．物語テクストに使われるこの過去形は，歴史書などにおける過去形とは区別するべきであるという考え方がある．たしかに，歴史書で使われている過去形は過去に起こった事実を叙述するために使われていると言うことができるが，いわゆる SF 小説で使われている過去形は過去の出来事を叙述するために使われているとは言えない．SF 小説の舞台は未来である．未来の出来事を過去の出来事と同一視することはできない．そこで，物語テクストで使われる過去形を，事実的な過去の出来事を述べる過去形と区別して**叙事的過去** episches Präteritum という．Hamburger はこの点をとくに強く主張した．叙事的過去の名称も彼女に由来する．彼女は，もし „Der König *spielte* jeden Abend Flöte."という文が小説の一節であるとしたら，自分はその文をたちどころに „Der König *spielt* jeden abend Flöte."

10.1. 表現

という意味で受け取ると述べた．同じように，小説の一節であるなら，同一の文のなかで叙事的過去と未来を意味する時の添加語は並存することができる．„In der folgenden Woche *schrieb* sie ihm einen Brief."

物語テクストのなかで使われた過去形が受け手に「過去」を感じさせず，かえって「現在」と受けとられるのは，この過去形が，物語テクストのなかに述べられている事柄はすべて起こったこととして回顧されているのだという虚構を作り出すからである．つまり，この虚構はいわば物語テクストの前提のようになって，そのために，語られている事柄は現実の世界とは別の世界に属するのだという意識が生み出され，そのために読者の頭から「過去」という時間の意識が消えてしまうのである．

このようなわけで，物語テクストにおける過去形には特別な意味が認められているのであるが，このことから，過去形が物語テクストの基本テンスであるという原則がドイツ語圏内では普遍妥当すると簡単に決めつけるわけにはゆかない．実際の事情はもっと複雑である．それは，物語テクストの基本テンスの問題に地理的な条件が加わるからである．南ドイツでは過去形が消滅してしまっているので，南ドイツ出身の作家の方が，北ドイツ出身の作家に比べて，現在完了形を使う頻度が高い．そのため，テクストの中で同一時称を連続して使うという原則が彼らの場合はくずれやすい．例えば，Max Frisch はしばしば現在完了と過去を混同して使っている．一方，北ドイツ出身の作家は過去形と現在完了形の切り替えを行うが，これは，Weinrich の指摘した語りの時称から論評の時称への切り替えである．

しかし，B. Bobrowski や P. Handke や F. Werfel のように，過去形を避けて，現在形と現在完了形，それに未来形だけで通す作家もいる．

(77) Also Malgie, und nun Blömke, und außerdem Kretschmann und Naujoks. Die anderen vor den offenen Militärspinden, mit Stiefelputzen befaßt, für den Stadtausgang. Blömke *schmeißt* die Karten *hin*. Spielen kann man mit dir nicht, *sagt* er. Und Kretschmann und Naujoks *nicken* dazu. Also *werden* sie, wenn die andern hinaus sind, hinüber *wechseln* in die Kantine und eine Weile Bier *trinken* und *reden*, ... (Erzähhlte Zeit, 28)（つまり［トランプをしているのは］Malige，それに Blömke，あとは Kretschmann と Naujoks の 4 人．他の者は開いたロッカーの前で外出に備

— 73 —

えて長靴を磨くのに懸命だ．Blömke がカードを投げ出す．おまえなんかとはやってられん．すると Kretschmann と Naujoks はそうだと言うようにうなずく．つまり3人は，皆が出かけたあと兵営食堂へ席を移し，しばらくビールでも飲んで話をするつもりなのだ…）

　ここに使われた現在形は叙事的現在 episches Präsens と呼ばれ，叙事的過去が持っている「現在的な」感じをもっと端的に表そうとして使われている．それゆえ，「Blömke がカードを投げ出した」，「Kretschmann と Naujoks はそうだと言うようにうなずいた」と訳しても差し支えはない．ただ，送り手が現場に居合わせて，すべての進行を目撃している感じは，上のような訳のほうがよりよく表せるかもしれない．Blömke のせりふが引用符なしに直接話法で書かれていることは，語りのテンスとして現在を使ったことに関係していると言えるだろう．5行目の also 以下は送り手のコメントであるが，現場に居合わせてコメントしている感じは未来形でよく表されている．

10.1.7.3. 歴史的現在

　語りのテンスである過去形で一貫して語ってきて，途中で現在形に切り替えるいわゆる**歴史的現在** historisches Präsens は，すでにギリシャ・ローマの古代から使われていたと言われる．それは場面の描写の緊張を高め，かつ，受け手のなかに場面との身近さを生み出すための文体上の技法である．物語が高潮した場面にさしかかったために歴史的現在が使われている例を見てみよう．いささか長いが，コンテクストとして過去形が使われている部分も示す必要があるのでやむをえない．自分の城に幽霊が出ることを知った侯爵夫妻は，問題の部屋で真夜中を待ち受けて対決しようとする．

(78) 　Am Abend des dritten Tages, da beide, um der Sache auf den Grund zu kommen, mit Herzklopfen wieder die Treppe zu dem Fremdenzimmer bestiegen, fand sich zufällig der Haushund, den man von der Kette losgelassen hatte, vor der Tür desselben ein; dergestalt, daß beide, ohne sich bestimmt zu erklären, vielleicht in der unwillkürlichen Absicht, außer sich selbst noch etwas Drittes, Lebendiges, bei sich zu haben, den Hund mit sich in das Zimmer nahmen. Das Ehepaar, zwei Lichter auf dem Tisch, die Marquise unausgezogen, der Marquese den Degen und Pistolen,

10.1. 表　現

die er aus dem Schrank genommen, neben sich, *setzen sich*, gegen eilf Uhr, jeder auf sein Bett; und während sie sich mit Gesprächen, so gut sie *vermögen*, zu unterhalten *suchen, legt* sich der Hund, den Kopf und Beine zusammengekauert, in der Mitte des Zimmers *nieder* und *schläft ein*. Drauf, in dem Augenblick der Mitternacht, *läßt* sich das entsetzliche Geräusch wieder hören; jemand, den kein Mensch mit Augen sehen *kann, hebt* sich, auf Krücken, im Zimmerwinkel empor; man *hört* das Stroh, das unter ihm *rauscht*; und mit dem ersten Schritt: tapp! tapp! *erwacht* der Hund, *hebt* sich plötzlich, die Ohren spitzend, vom Boden *empor*, und knurrend und bellend, grad als ob ein Mensch auf ihn eingeschritten käme, rückwärts gegen den Ofen *weicht* er *aus*. (Kleist, 163)　（三日目の夕方，事件の真相を見きわめようと，夫妻が胸をどきどきさせながら客室への階段をまたしても上っていくと，だれかが鎖からはなした番犬がたまたまドアーのまえに姿を現した．そこで夫妻は，自分でもはっきりと訳はわからなかったが，おそらく自分たちのほかに第三者の生き物にそばに居てほしいという無意識の意図がはたらいたのだろう，犬を連れて部屋に入った．二人は灯りのろうそくを二本テーブルに立て，侯爵夫人は着衣のままで，侯爵は戸棚から持ち出してきた剣とピストルを脇に置いて，11時前にそれぞれベッドに入る．そして，できるだけ何か会話を交わして気をまぎらそうと努めているうちに，犬は丸くなって部屋の中央にうずくまり，眠り込む．続いて，真夜中になったとたん，またもや身の毛もよだつあの物音がする．人間の眼には見えない何者かが松葉杖をついて部屋の隅から立ち上がる．その者の体の下で藁がさがさと鳴るのが聞こえる．そして，足を踏み出すコッツ，コッツという音に犬は目覚め，耳をそばだてて突然床から身を起こす．そして，あたかも彼に向かって迫ってくる人間がいるかのように，吠えつつ唸りつつ，暖炉のほうへじりじりと後ずさりする）

　歴史的現在が受け手の心のなかに作り出す場面との身近さは，必ずしも物語が高潮した場面にばかり使われるわけではない．次の例のように，物語の冒頭部分に使われて，受け手を登場人物と同じ立場に立たせ，登場人物への

— 75 —

関心をいっそう高めるために使われる場合もある.

(79) Der Knabe stapfte durch die Vorstadtgasse. Angestrengt arbeitete er sich weiter, denn der weiche Schnee lag fast schuhhoch, und es schneite noch immer. Es war kalt und zwei Uhr nachts. Warum *müht* sich ein zwölfjähriger Knabe allein so spät in schlecht beleuchteten und einsamen Gassen durch wirbelnden Schnee und *blickt* immer wieder suchend nach dem Gehsteig? (Urzidil, 1) (少年は町はずれの横町を足を踏みしめ踏みしめ歩いていた. 彼は骨折って一歩一歩, 足を進めていた. それは, 柔らかい雪がもうほとんど靴の深さまで積もっているうえに, 止みそうにもなかったからだ. まだ12歳の少年がただひとり, こんなに夜おそく, ろくすっぽ明かりもついていない寂しい横町を, 雪が舞っているさなかを苦労して歩いている, そして何か探すかのようにしょっちゅう歩道に目を落としているのはどうしたことなのだろう)

例(78)に使われたような現在形は**場面的現在** szenisches Präsens とも呼ばれることがある. その場合には, 「歴史的現在」は場面的現在の上位概念であって, 「歴史的現在」のなかに場面的現在と例(79)に見られるような**叙事的現在** episches Präsens と例 (75) のような年表に使われる記録的な性格を持つ現在形が含められる.

叙事的過去が「現在」的な性格を持っていることを強く主張した Hamburger は, 当然のことだが, 歴史的現在の価値を否定的に見ている. 彼女から見れば, 赤の画面の上 (叙事的過去の喩え) にさらに赤の絵の具 (歴史的現在の喩え) を塗るのは無意味なのである. しかし, この主張の前提は, 物語テクストに現れる過去形はかならず叙事的過去であり「現在」的な性格を持っているという考え方なのだから, この前提が崩れれば, 彼女の主張も必ずしも全面的に正しいとは言えなくなるわけである.

さて, 例 (79) の過去形 (stapfte, arbeitete, lag, schneite, war) は誰にとっての過去を意味しているのだろうか. ここまでの説明からは, テクストに使われた過去形はすべてテクストの送り手にとっての過去を意味していると解釈される. それでは, 物語テクストの場合も過去形は送り手すなわち作者にとっての過去を意味すると考えてよいのであろうか. 次節では焦点を物語テクストにしぼることにしよう.

10.1. 表現

10.1.8. 物語テクストにおける叙法

10.1.8.1. 物語テクストにおける送り手

　これまでの考察ではテクストには送り手（話し手/書き手）と受け手（聞き手/読み手）があって，送り手→テクスト→受け手という流れを当然のことと考えてきた．けれども，物語テクストの場合は事情が変わる．送り手→テクスト→受け手という流れにさらに「語り手」の存在が加わって，送り手（＝作者）→語り手 Erzähler →テクスト→受け手（＝読者）という流れとなる．「語り手」は送り手とはまったく別個の存在である．両者を同一視してはならない．つまり，物語テクストには語られるという基本的性格から，送り手としての作者のほかに，作者の代理として物語の世界の出来事を受け手にむかって「語る」仲介者が存在すると考えられているのである．それゆえ，物語テクストのテクストとしての特徴は「語り手」の介在，すなわち**間接性** Mittelbarkeit にある．実用散文の場合にはそのようなことは起こらないから，物語テクストを実用散文のテクストから分けているのはこの間接性であると言ってもよい．

　Franz K. Stanzel によると，間接性を作り出す方式は三つ考えられる．すなわち，第一は ich「私」を自称する一人称の語り手を物語の世界に登場させるやり方である．第二は作者の代理として三人称の語り手に語らせるやり方で，小説をはじめ物語テクストで最も一般的なやり方であるが，この場合は三人称の語り手はいわば物語の世界の出来事の目撃者であるのに，物語の世界に姿は見せない．ただし，固有の意識の持ち主である．彼の意識は受け手である読者に伝わるから，物語テクストではいわば語り手が読者に語りかける．小説の語りの技法が発達してその上に第三のやり方が加わった．それは，語り手ではなくて映し手 Reflektor の眼を通して受け手に場面を眺めさせるやり方である．映し手もまた語り手と同じく物語の世界の出来事の「姿なき」三人称の目撃者ではあるが，受け手である読者に自分の判断を語ることはない．眼に映った事柄を映ったとおりに読者に伝えるだけである．ここに語り手と映し手の違いがある．第三の場合は，送り手（＝作者）→映し手 Reflektor →テクスト→受け手（読者）という流れとなる．

　Stanzel は，第一の場合を「私」による語りの状況 Ich-Erzählsituation，第

二の場合を**語り手による語りの状況** auktoriale Erzählsituation, 第三の場合を**映し手による語りの状況** personale Erzählsituation と呼んでいる．第二の場合に使われた形容詞 auktorial は「著作者・創作者」を意味するラテン語の auctor に由来し，「作者の見地から述べる/報告する」を意味するから，この形容詞は作者の代理としての語り手の位置をよく表している．第三の場合に使われた形容詞 personal は名詞 Person「人」からの派生である．映し手は物語の世界の出来事を映すだけであって，それ以上のことはしない．作者の代りに読者にむかって語りかけることなどしない「人」なのである．

　なお，現代の小説は単純に語り手に語らせる第一あるいは第二のやり方を脱却して，むしろ映し手による叙述か語り手と映し手の両者を併用する叙述が当然のようになりつつある．

10.1.8.1.1.　一人称の語り手による語り

　自分のことを ich で指している語り手 Ich-Erzähler が語る形式の物語も数多い．この場合，語り手は他の登場人物とともに虚構世界の中に存在し，活動している．自分のことを ich と呼んでいるからと言って，ich が作者その人であるとは限らない．語り手 ich は作者が仮託した人物にすぎない．例えば，E. T. A. Hoffmann の *Lebensansichten des Katers Murr nebst fragmentarischer Biographie des Kapellmeisters Johann Kreisler*『牡猫ムルの人生観ならびに楽長ヨーハン・クライスラーの伝記断片』では Murr が語る部分の語り手 ich は牡猫 Murr であり，楽長 Johann Kreisler の自伝の部分の語り手 ich は Kreisler である．テクストは，当然，語り手 ich のパースペクティブのもとに述べられる．パースペクティブの定義は「テクストが持つ，空間的・時間的・人的・思考的視線方向」であるから，テクストにはそれぞれ Murr ならびに Kreisler の「思考的視線方向」，つまり彼らの意識も判断や感覚や情緒として表現される．

(80)　*Ich* fuhr in einem Boot am Ufer des Bosporus heimwärts nach Istanbul. Die Nacht war weich und voll Duft, der vom Lande herüberwehte, als würden am Ufer Berge von süßen Melone liegen. Auch ein Schimmer wie vom sonnenbraunen Gelb der Früchte lag in der warmen Nacht, obwohl sie dunkel war. (Erzähler, 220)　（私はボートに乗って Bosporus 海峡の岸辺に沿

10.1. 表現

って Istanbul の故郷へむかって漕いで行った．夜は穏やかで，岸から漂ってくる芳香に満ちていた．私には岸に甘いメロンの生っている山がいくつもあるのではないかとさえ思われた．周りは暗かったが，十分に陽を受けた果実の黄色が温かい夜の空気のなかにほのかに浮かび上がっていた）

このテクストには，語り手 ich のパースペクティブによって述べられていることが確認できる箇所がいくつかある．テクストの人的視線は語り手が自分のことを ich で指していることに現れている．そして，ich は言語記述の中心をなす Ich-Jetzt-Hier-Origo を形成する要素の一つである．テクストの空間的視線は herüberwehte の前綴 herüber に含まれる her- に認められる．副詞 her- は動詞の表す活動が語り手つまり ich を中心として捉えられていることを意味している．テクストの思考の視線は，als würden ... という非現実の様態を表す副文と，obwohl で導かれる認容を表す副文に顕著に認められる．非現実の認識と認容はともに語り手 ich の意識の現れである．

10.1.8.1.2. 三人称の語り手による語り

三人称の語り手 Erzähler は作者とは別個の存在であるが，彼がいるのは虚構された物語世界の出来事を第三者的に眺めることができる位置である．彼はけっして登場人物として物語世界に顔を出さないから，彼の位置は物語世界の内側ではない．彼はあたかも透明人間のごとく物語世界での出来事をただ眺め，自分が眺めた事柄を読者に「語る」．ただし，この語り手は姿はないにもかかわらず固有の意識を備えている．このため，テクストはこの「姿なき」三人称の語り手のパースペクティブによって述べられることになる．パースペクティブとは，上で見たとおり，「テクストが持つ，空間的・時間的・人的・思考的視線方向」なのであるから，テクストのあらゆる部分に語り手から発している空間的・時間的・人的・思考的視線方向が認められる．とりわけ語り手の思考的視線方向は，例えば推測を表す助動詞や不変化詞の使用に端的に認められる．私たちが物語テクストを読むとき，誰かがその場面で進行する出来事を眺めては私たちに伝えているという印象を受けるのはこのためである．

(81) Steinbach war ein Junggeselle, lebte aber in geordneten, *ja*, guten Verhältnissen. Sein Arbeitszimmer in der Bank war groß und

hell. Ein Zimmer mit Ledergarnitur um einen Glastisch. Es saß *zwar* nie jemand in den Sesseln, *aber* auf dem Glastisch stand stets eine Kiste Zigaretten. Für Besucher. Steinbach *hätte* diese Besucher gern *empfangen*, aber *da* er Personalchef der Bank war, kamen nur Leute zu ihm, mit denen es Ärger gegeben hatte. (Erzählte Zeit, 287)　(Steinbachは独身だったが，きちんとした，それどころか，立派な生活環境で暮らしていた．銀行の執務室は大きくて明るかった．ガラスを敷いたテーブルのまわりに革張りの応接セットを配置した部屋だった．これまでにそこの安楽椅子に座った者は一人もなかったが，テーブルにはいつもシガレットの箱が置いてあった．来客用である．Steinbachとしては来客をよろこんで迎えたことだろうが，なにぶんにも人事課長のこととて，やって来るのは苦情を抱えた人間に限られていた)

　イタリック体で示したのはテクストの思考的視線方向が顕著に認められる箇所である．「それどころか」と言い直しているのは誰だろうか．Zwar ... aberという構文で認容と逆接を設定しているのは誰だろう．接続法第II式を使った非現実は誰の意識の反映なのか．これらがすべて登場人物Steinbachの意識でないことは明らかである．ここに顕示されているのはすべて，Steinbachを横から眺めている語り手の意識である．すなわち，このテクストは語り手のパースペクティブによって述べられている．

10.1.8.1.3.　映し手による語り

　映し手は，Stanzelによると，「考え，感じ，知覚するけれども，語り手のように読者にむかって話すことはしない登場人物」である (Stanzel, 16)．語り手とちがうのは，登場人物の一人である点である．したがって，映し手のいる位置は物語世界の内側である．登場人物としていつも場面に居合わせているわけだが，物語世界のなかで活動することはしない．そこで，読者はこの映し手となる登場人物の眼を通して物語世界の他の登場人物たちを眺めることになる．

　映し手によって語られるドイツ語テクストの実例として，StanzelにならってIngeborg Bachmannの „Simultan" の冒頭部のパラグラフ全体を引用する．

10.1. 表現

(82) Boze moj! hatte *sie* kalte Füße, aber das mußte endlich Paestum sein, es gibt da dieses alte Hotel, ich versteh nicht, wie mir der Name, er wird mir gleich einfallen, ich habe ihn auf der Zunge, nur fiel er ihr nicht ein, *sie* kurbelte das Fenster herunter und starrte angestrengt seitwärts und nach vorne, *sie* suchte den Weg, der nach rechts, credimi, te lo giuro, dico a destra, abbiegen mußte. Dann war es also das NETTUNO. Als *er* an der Kreuzung verlangsamte und den Scheinwerfer aufblendete, entdeckte *sie* sofort das Schild, angeleuchtet im Dunkel, unter einem Dutzend Hotelschildern und Pfeilen, die zu Bars und Strandbädern wiesen, *sie* murmelte, das war aber früher ganz anders, hier war doch nichts, einfach nichts, noch vor fünf, sechs Jahren, nein wirklich, das ist doch nicht möglich.* (Bachmann, 7. Kursivschrift: Verfasser)

一挙に全体の訳を示す代わりに，文を逐って詳細に見ていこう．まず，Boze moj! hatte *sie* kalte Füße, aber das mußte endlich Paestum sein の部分から．この部分は普通なら体験話法で書かれていると説明したいところである．というのは，語り手が sie の立場に立って考えていると説明できるからである．Boze moj! はロシア語（ローマナイズされている）であって驚愕，感嘆，憤激等を表す間投詞的な表現．

つまり，内語の形に書き直せば，[Sie dachte :] „Boze moj! habe ich kalte Füße, aber das muß endlich Paestum sein."これを [Sie dachte,] Boze moj! habe sie kalte Füße, aber das müsse endlich Paestum sein のように間接話法に改め，さらに [Sie dachte] は除いてしまい，下線部を直説法過去で置き換えると原テクストの形になる．

ところが，この説明でただ一つ困ることがある．それは，登場人物の立場に立って「体験」する人物が語り手ではないらしいことである．どうして語り手でないと言えるか．

---

*この例文の存在は名古屋工業大学鈴木康志助教授の翻訳によって知った．また，例文中のイタリア語ならびにロシア語については，それぞれ京都外国語大学清瀬卓教授ならびに京都大学山口巌名誉教授の教示を得た．

ドイツ語では，話し手と聞き手がともに指示の現場にいて，指示対象を共に認知している場合は，対象をいきなり人称代名詞で指してよいことになっている．すると，いきなりsieを使うということは，誰かが「話し手」として現場に居てsieを使って指しており，読者である私たちがのっけから「聞き手」として現場に居あわせていることを意味する．誰かとは誰だろうか．それが，他ならぬ映し手である．なぜなら，誰かが語り手であるならば，私たちにsieの名前を教えてくれるはずである．いきなり女性が眼に映ったからといって，彼女の立場に入り込んで，彼女の心を「体験」することは「語り」とは呼べない．これは眼に映ったとおりを「映している」のである．体験話法では体験する人物は語り手であったが，ここでは映し手が体験している．映し手がsieの立場に立って，自動車の助手席から前方をすかし見ながらsieが思う「おお，足が冷えること．でもあそこがどうやらまちがいなくPaestumだ」という考えを私たちに伝えている．

　続くes gibt da dieses alte Hotel, ich versteh nicht, wie mir der Name, er wird mir gleich einfallen, ich habe ihn auf der Zungまではsieの内的独白である．そのことは，彼女が自分をichで指しているので分かる．ただし，sie dachteという伝達部や引用符はあいかわらず省かれている．ここでも，彼女が実際は口に出さなかった，「あそこにはあの古いホテルがある．どうしてあの名前が…でも，すぐ思い出すわ．喉んとこまで出かかってるんだもの」という思いを映し手がそっくりそのまま映し取って読者に伝えている．登場人物の内面世界を直接描写するのが映し手による叙法の特徴である．続くnur fiel er ihr nicht einは，再び映し手によるsieの心の中の体験話法的再現である．「ただ，今は，思い浮かばないだけ」．

　この小説の第1パラグラフでは，このように映し手が登場人物の行為も感じ方も考えも，すべて映し出す．読者は，いきなり外国語の間投詞を聞かされたかと思うと，前触れもなくsieなる女性と意識を共にさせられたり，内的独白の部分に欠けている引用符や伝達動詞を補わされたり，ich versteh nicht, wie mir der Nameのような尻切れトンボの文に[nicht einfällt]を補って読むことを余儀なくされたりして，じつに目まぐるしい．けれども，この読者の目まぐるしさは作者の意図するところなのである．読者は，読み進むにつれて，夕暮れ近い道を走る自動車の助手席に身を置きながら，目を凝らして，いつか来たことのあるに過ぎない土地の見知りのホテルへ行く道を

10.1. 表現

見つけなければならない慌ただしくもいらだたしい sie と立場を共にせずにはおれない．映し手の叙法で書かれたテクストを受容するのに適切な態度は「共感の態度です」，あるいは，テキストを文法的に整った形に改めたなら，「読者の反応における自発性や直接性が失われることになるでしょう」と Stanzel はコメントしている（Stanzel 96/鈴木, 29）．

さらに考察を続けよう．*sie* kurbelte das Fenster herunter und starrte angestrengt seitwärts und nach vorne, sie suchte den Weg の部分では，読者は映し手が映し出すままに sie の行為を眺める．「女が車の窓を下ろし，前方と左右に眼を凝らした．そして例の道を探した」．「彼女は」としないで「女が」と訳したのには理由がある．「かの女」とすれば，「カ」で指している人物－つまり語り手－が存在しているかのような感じを読者に持たせてしまう．また，「ハ」にはテーマを提示するはたらきがあるから，もし「ハ」を使えば，テーマを提示している者－つまり語り手－が存在しているかのような印象を読者に与えてしまう．

続く関係文あたりからまたもや映し手は sie の心の中へ入りはじめる．der nach rechts abbiegen mußte. Dann war es also das Nettunoの部分は，冒頭と同じく，映し手による「体験話法」である．ただし，途中のイタリヤ語のせりふだけは映し手が登場人物の内面世界を直接に描写している．「あの道はどう考えても右へ－私を信じて，嘘じゃない，右だってば－曲がってるはずだ．右へ折れたら例の（ホテル）Nettuno があるってわけ」．Dann war es also das Nettunoの部分も同じく映し手が sie の意識を再現している．説明的な意味の副詞 also を語り手の意識と受け取ってはならない．

次の文の Als *er* an der Kreuzung verlangsamte und ..., unter einem Dutzend Hotelschildern und Pfeilen, die zu Bars und Strandbädern wiesen, に至って，私たちは映し手の眼にはもう一人の登場人物 er が映っていることを知る．「男が十字路でスピードを落としてヘッドライトを上に向けたとき，暗がりの中に浮かび上がった一ダースとあるホテルの看板とバーや海水浴場の矢印のなかから，たちまち例のホテルの看板が女の目に入った」．「彼」としないで「男」としたのも，「ハ」を使っていないのも，ともに語り手が語っているのではなくて映し手が述べているという印象を読者に与えるため．

最後に，sie murmelte を伝達部として，sie のつぶやきが映し手によって直

接に描写される.「女が呟いた. 前はぜんぜんこんなのじゃなかったわ. ここには何もなかった. まったく何もなかったの. ほんの五, 六年前までは. ええ, ほんとうよ. 信じられないわ」.

　映し手によって叙される物語テクストの地の文で, 人的視線方向を表す人称代名詞の er と sie が文脈指示ではなくて現場指示の用法であることはさきに見た. 同じことが時間的指呼についても言える. すなわち, 映し手によって叙される物語テクストの地の文に使われた過去形（Präteritum）は, 映し手にとっての「過去」を表している. 語り手によって叙される物語テクストの地の文に使われた過去形（Präteritum）が現在を感じさせるのと対照的に, 映し手によって過去形で語られている事柄は, 読者に過去を感じさせる. もっとも, 日本語の「タ」は語り手にとっての現在に関係づけられると受け取られる可能性があるが, 他に適当な表現手段がない.

10.2. 文　　　体（Stil）

10.2.1 文体の定義

　文体 Stil とは何かということを考えるにあたって，次のテクスト（正確にはテクスト部分と呼ぶべきだが，簡便にするためにテクストと略称する）を出発点にしよう．

(83)　　Albert Einstein nimmt in der Geschichte der neueren Naturforschung eine Sonderstellung ein. *Vollender und Bahnbrecher zugleich, steht er an der Wende von der alten zur neuen Physik* ...
（Albert Einstein は，近代自然科学史のなかで特別な位置を占める．彼は完成者であると同時にパイオニアであって，古い物理学から新しい物理学への転換点に立っている…）

第二の文に含まれる Vollender und Bahnbrecher zugleich の箇所は Vollender und Bahnbrecher zugleich (seiend) という分詞構文（→1.2.27.3.）の短縮と考えられるので，第二の文は複合文である．問題の箇所を接続詞 als を使って主語と同格的な文成分に変えると，第二の文は単文となる．

(84)　　Albert Einstein nimmt in der Geschichte der neueren Naturforschung eine Sonderstellung ein. *Als Vollender und Bahnbrecher zugleich* steht er an der Wende von der alten zur neuen Physik ...

これで例(84)の第二の文の統語論的構成はなるほど例(83)とは変わったけれども，内容的には同じ事実を伝えているので，テクスト全体の意味は例(83)と変わらない．

　送り手は言葉を使って自分の意識内容を受け手に伝える．そのとき送り手は，言語体系が提供する言語手段を手当たり次第に受身的にそのまま借りるのではなくて，自分が意図するコミュニケーション効果を達成するのに相応しいと考える言語手段を主体的に選び出している．つまり，受け手に内容を伝えるために言葉を使うという行為は，言語体系と言語使用者のあいだの弁

証法である．そこで，文体という術語は，まずなによりも，送り手がこの弁証法の結果，特定の言語手段を主体的に選択したという事実に関係していると言わなければならない．

　こんどは，先行する文をも巻き込んで，全体の統語論的構成を下のようにもっと大幅に変えてみる．全体が一つの単文になったけれども，全体の内容はやはり変わらない．

(85) Albert Einstein nimmt *als Vollender und Bahnbrecher* an der Wende von der alten zur neuen Physik in der Geschichte der neueren Naturforschung eine Sonderstellung ein.

送り手は言語手段を主体的に選択しながらテクスト（→10.1.1.）を形作ってゆくが，送り手の主体性はその際に選択の一つ一つに現れているというよりも，むしろ作り上げられたテクスト全体が送り手の主体性の現れであると言うべきだろう．その意味で，文体という術語は，送り手の主体的な選択を総集した結果としてのテクストに関係していると言うことができる．

　言語体系が提供する言語手段のバリエーションは，多くの場合，互いに等価値であるが，同時にそれぞれに特有の価値を含んでいる．送り手はそれらの言語手段のなかから特定の手段を選び出すのであるが，その際に，自分のコミュニケーションの意図を最大限に達成できる手段を選び出そうとはっきり意識していることもあれば，はっきりとは意識していないこともある．しかし，いずれにしても，選び出すのに送り手の言語的な経験と能力が関係していることは確かである．つまり，文体はテクストを作り出した者の言語的な経験や能力の反映でもある．

　例えば，上の例に含まれる Sonderstellung をさらにくわしく特徴づける必要を感じた場合には，これに付加語形容詞をかぶせることも可能である．

(86) Albert Einstein nimmt *als Vollender und Bahnbrecher* an der Wende von der alten zur neuen Physik in der Geschichte der neueren Naturforschung eine *hervorragende* Sonderstellung ein.

あるいは，逆に，コミュニケーションの状況から，テクスト全体を簡略化して要点を述べようという意図を抱いた場合には，付加語形容詞や副詞的な規定を省略して，次のように述べることもできる．

(87) Albert Einstein ist *ein Vollender und Bahnbrecher* an der Wende von der alte zur neuen Physik ...

10.2. 文　　体

　この場合には，Albert Einstein ist の次にあるべき in der Geschichte der neueren Naturforschung, in der er eine Sonderstellung einnimmt が省略されたと考えられるし，ein と Vollender und Bahnbrecher のあいだには großer が省かれたと考えられる．

　送り手が言語体系の提供する言語手段のバリエーションのなかから特定の言語手段を主体的に選び出す際に，自分のコミュニケーション意図を基準として選択するのは確かであるが，言語手段の選択に影響を及ぼすのは送り手のコミュニケーション意図ばかりではない．送り手が直面している場面，送り手が置かれている社会的な状況，まわりの物理的な環境などは，外的な条件として言語手段の選択に影響を及ぼす．また，送り手の性格，知識，能力，技能，習慣，関心，立場，動機など，さらにこれらによって条件づけられたコミュニケーション場面の受け止め方は，内的な条件として言語手段の選択に影響を及ぼす．

　その意味では，ここまでに言語手段の主体的な選択の結果と呼んできたもの，つまり文体は，人間のコミュニケーション活動における認識主体と認識客体の弁証法の結果でもある．

　そして，認識主体と認識客体のあいだに行われた弁証法の結果，送り手の認識内容の言語表現としてのテクストはさまざまなバリエーションに姿を変えるわけであるが，そのことを単なるバリエーションの問題として片づけて，どのバリエーションであってもかまわないと考えてはならない．テクストの外形が変われば，テクストのコミュニケーション上の効果が変わるからである．それゆえ，テクストの外形はコミュニケーション上の効果にとって非常に重要である．言い表し方次第で，受け手はその言い表し方を「美しい」とも受け取れば，「美しくない」とも受け取る．「分かりやすい」とも受け取れば，「分かりにくい」とも受け取る．あるいは，「すばらしい」と受け取ることもあれば，「ありふれている」と受け取ることもある．しかも，その受け取り方は状況と尺度次第でさまざまに変わる．効果と関連していること，ならびに，評価の対象となること，この二つが文体に関係する重要な事実である．

　言語体系が提供する言語手段を主体的に選択すると言っても，それは選択した言語手段を足し算的に積み重ねてゆくことを意味するわけではない．選択した言語手段は互いに関連し合い，互いに影響し合って全体的な効果を生みだしている．それゆえ，文体を考察するときには，個々の要素を顧慮しな

ければならないと同時に，個々の要素の総合的な効果をも視野に入れる必要がある．

　以上の考察から文体を次のように定義しよう．**文体**とは，言語使用者である送り手が内的・外的な条件の影響を受けながら，言語体系の提供する言語手段のバリエーションのうちから主体的に選択した，個別的言語手段ならびに個別的言語手段の総合的な効果のことである．

10.2.2. 文体要素

　このように見てくると，文体とは，結局，送り手の主観的な選択の結果である．であるから，文体は主観的・客観的選択の結果出来上がったテクストに必ず備わっている特性であると言うことができる．つまり，すぐれた文体であるか拙い文体であるかは別として，あるいは，適当な文体であるか不適当な文体であるかは別として，文体を持たないテクストはありあえない．

　送り手は言葉を使って自分の意識内容を受け手に伝えるにあたり，言語体系が提供する言語手段のバリエーションのなかから特に一つを選択する．その際，選択に決定的に影響を及ぼすのは送り手のコミュニケーションの意図である．送り手が自分の意図をもっとも効果的に達成できるかどうかという判断が，言語体系の提供する言語手段のバリエーションのなかから特定の一つを選び出す基準となる．つまり，送り手がバリエーションのなかから特定の一つの言語手段を選択するとは，選択した言語手段に他のバリエーションにはない特別なコミュニケーション効果を期待したことを意味する．

　Vollender und Bahnbrecher zugleich という省略的な分詞構文を選択した送り手は，この言語手段に特別な効果を期待したのであり，Vollender und Bahnbrecher zugleich を Als Vollender und Bahnbrecher zugleich という主語と同格の句で表現した者は，この言語手段に特別な効果を期待したのである．Eine Sonderstellung に hervorragend という付加語形容詞を加えた送り手は，付加語形容詞による意味の限定に特に効果を期待しており，同時に，数ある同義的な付加語形容詞のバリエーションのなかからとりわけ hervorragend に効果を認めてこれを選択したのである．Albert Einstein ist *ein Vollender und Bahnbrecher* an der Wende von der alten zur neuen Physik ...という要約的な表現を採った送り手は，そっけなく内容を伝えたのではな

10.2. 文　　体

くて，核心を伝える形式をとくに効果的だと考えたのである．

　さて，このようにコミュニケーションの意図に照らして言語手段のバリエーションのなかから特定の一つを選び出すことが，送り手に固有の文体を作り上げてゆく一歩一歩を形作る．そして，一歩一歩を積み重ねた結果がテクストの持つ文体となる．ということは，選び出された言語手段には，たんに言語手段である以上に，送り手の文体を作り上げる要素という特別な意義が認められていることを意味する．つまり，選び出された言語手段の一つ一つは送り手の文体を形成する要素，**文体要素** Stilelemente なのである．

　しかし，Vollender und Bahnbrecher zugleich という不完全な分詞構文も，Als Vollender und Bahnbrecher zugleich という主語と同格の句も，eine Sonderstellung に見られる付加語形容詞も，また，その実現としての hervorragend という形容詞も，Albert Einstein ist ein Vollender und Bahnbrecher an der Wende von der alten zur neuen Physik ... という要約的な表現も，それ自体で文体要素であるわけではない．それらは，あくまでもそれぞれドイツ語という言語体系が提供する言語手段のバリエーションの一つにすぎない．それらは，送り手がテクストを作り上げる際に多くの類似の言語手段に優先して選び出されたということによって，はじめて文体要素となったのである．

　したがって，これらの言語手段を文体要素にしたのは，テクストの作成者，つまり送り手である．より正確に言えば，送り手が言語手段に期待した効果である．言語手段に効果を期待することは，言語手段に機能を認めることを意味する．すなわち，文体要素の第一の基本的性格は，それが機能的だということである．また，言語手段に効果を期待することは，同時に，言語手段を効果という観点から規定することを意味する．すなわち，文体要素の第二の基本的性格は，それが本来何らかの規定を受けていることである．送り手の期待以外にも文体要素を規定する因子があるはずである．そのことを次節でもっと詳しく考察しよう．

　なお，送り手が言語手段を選択した結果としての文体は，10.2.1.で見たとおり，総合的な性格を持っているのであるが，選択された個々の言語手段はこの総合的な全体の内部でそれぞれ固有の位置価値を持っている．そして，選択された個々の言語手段とテクストは，互いに部分と全体として，弁証法的な関係を作っている．この関係を分析して，テクストに含まれるそれぞれ

の言語手段が，部分として全体に対してどのような役割を果たすかを明らかにすることは，文体を研究する学問，つまり**文体論** Stilistik/Stillehre の重要な課題の一つである．

10.2.3. 言語手段を文体要素に変える要因

　私たちはコミュニケーションにおいて送り手となるとき，自分の意識内容を受け手に伝えるためにテクストを作ることに着手する．その際，テクストがテクストとして成立するためには，内容面と形式面の両方にわたっていくつかの固有の条項が決まっていなければならない．すなわち，テクストを作る者は，前もって次のような点を決めてから作業にからなければならない．すなわち，**コミュニケーションの対象** Kommunikationsgegenstand は何にするのか，主導的な考え，つまりテーマ Thema は何にするのか，コミュニケーションの対象を物語・論述・報告・説明などのうちどの形式によって述べるのか，どんなパースペクティブ（→10.1.3.1..）に従って作っていくのか，テクストの構成はコミュニケーションの対象にあわせるのか，それとも主導的な考えにあわせるのか，それとも述べる形式に合わせるのか，章・節・段落，あるいは詩節はどのように分けるのかなど．

　ふつうテーマと言うと話題のことだが（→10.1.1.2.），以下 10.2.3.1. から 10.2.3.3. まででは「主導的な考え」という意味で使う．つまり，主導的な考えが決まれば，コミュニケーションの対象をどう扱うかも決まるし，コミュニケーションの対象のどういう側面 Aspekt をとくに強調するのかも決まるという意味での「主導的な考え」である．

10.2.3.1. テーマ

　上に挙げたテクスト作成に固有な条項のなかで中心的な地位を占めているのは，主導的な考えという意味での「テーマ」である．コミュニケーションの対象の方は，たいていの場合，先に決まっている．大きな対象なら，長いテクストを作らなければならないし，多かれ少なかれ複数の小さな対象に分けて扱わなければならない．その場合は，それらの小さな対象を互いにどう関係づけるか，どういう順序に配列するかという問題が派生してくる．しかし，一つの小さなコミュニケーションの対象についてテクストを作る場合に

10.2. 文　　体

限って言えば，テクストの特徴を決定するものはもっぱら「テーマ」である．なぜならば，「テーマ」をテクストのなかでどう展開してゆくかを決めることは，同時に，コミュニケーションの対象の持ついろいろな要素のうちのどの要素からテクストへ取り入れていくかを決めることであり，コミュニケーションの対象のどの要素をテクストのどこに配置するかを決めることであり，コミュニケーションの対象の要素それぞれに「テーマ」のヒエラルヒーのなかでのランクを指定することであり，どのようにしてコミュニケーションの対象の要素をテクストの意図にふさわしく文法的・語彙的環境のなかで展開するかを決めることだからである．

　実例を示そう．都市 Leipzig の写真集に付けられたコメントの一つである．
(88)　Eine schöne Frau ist meine Stadt,/Meine Geliebte. /Aus ihren Brunnen trinkt sie/Das Wasser ewiger Jugend. // (以上が見出し．以下本文) Wie alt ist sie eigentlich, unsere Stadt ? Achthundert Jahre ? Fünfjahrtausende ? Und überhaupt ist sie alt ? Ist ihr Alter, ihre Vergangenheit nicht eigentlich ihre Kindheit, ihre Jugend ? Und was uns als ihre Jugend erscheint, die Stadt heute, nicht in Wirklichkeit ihr Alter ? Erst im Alter von achthundert Jahren zeigt sie uns ein so junges frisches Gesicht. Aber streiten wir nicht darüber, wie alt oder wie jung unsere Stadt ist. Denn eines müssen wir ihr zugestehen : Sie wird jünger von Tag zu Tag. Wie im Märchen : das Wasser des Lebens trinken macht jung.

Doch es war nie ein Märchen. Denn was eine Stadt ist, das ist sie durch die Menschen, die sie bewohnen. Ihre Arbeit, ihr Erfindergeist, ihre Lebensfreude, ihr Kampf um eine immer schönere Welt, das alles ist der eigentliche, der einzige Jungbrunnen einer Stadt. Eine Stadt lieben heißt, ihre Menschen lieben, ihre schöpferische Kraft, durch Generationen und Jahrhunderte hindurch. (Enzyklopädie, 460)　(私の町は美しい女,/私の愛する女./彼女の泉から彼女は飲む．永遠の若さの水を．//彼女はほんとうに何歳なのだろう，私たちの町は？800歳？それとも5000歳？それに，そもそも彼女は年寄りなのだろうか？彼女の年齢，彼女の過去とは本当は彼

女の子供時代，彼女の青春時代ではないだろうか．彼女の青春と見える姿，今日の Leipzig こそ彼女の本当の歳ではないだろうか．800年の歳月を経て，やっと，彼女は私たちにこんな若い新鮮な顔を見せてくれている．でも，私たちの町が年をとっているかとかいないかとか，そんなことで言い争うのはよそう．だって，私たちが彼女に認めてやらなければならないのは一つのこと，彼女が日増しに若くなってゆくということだけなのだから．生命の水を飲むことが若さを保つ―とはまるでメルヒェンにあるようだ．

しかし，それはメルヒェンではなかった．なぜなら，町を町たらしめているのは，町に住む人々だからだ．人々の仕事，人々の発明家の精神，人々の生きるよろこび，より美しい世界を求める人々の戦い，これらすべてこそ，町の本当の，そしてただ一つの若さの泉なのだ．町を愛するということは町に住む人々を愛すること，町が世代から世代へと何世紀にもわたって受け継いできた創造力を愛することなのだ）

このテクストが都市 Leipzig の写真集のコメントから採られたという事情からして，コミュニケーションの対象が Leipzig であることは明らかであるから，コミュニケーションの対象についてはこれ以上考えをめぐらす必要はない．それでは，このテクストの「テーマ」，つまり主導的な考えとは何か．それは，Leipzig という町が若々しさを保っているのは住民の力のせいだ，という思想である．それは，もっとつきつめれば，町を作るのは住民だという考えに通じる．だから送り手はテクストのなかで，Leipzig という町の若々しさを強調しているし，その若々しさを作り出すのは町の主体としての住民の力であることを主張している．

この主導的な考えをテクストにおいて展開するために，テクストの送り手はコミュニケーションの対象が持ついろいろな要素のなかからまず「若さ」を選びだした．これをまずテクストへ取り入れることに決めた．本文の第1パラグラフで，もっぱら都市 Leipzig の若さが述べられているのはこの決定の結果である．「若さ」をテクストの第1パラグラフに配置したことは，送り手がコミュニケーションの対象の要素のなかで「若さ」という要素に，「テーマ」のヒエラルヒーのなかで第一位のランクを指定したことを意味する．次に送り手はコミュニケーションの対象のいろいろな要素のなかから「住民の

10.2. 文　　体

力」という要素を選び出すとともに，これに第二位のランクを与える．第2パラグラフでLeipzigの住民の力が讃えられているのは，第1パラグラフの場合とおなじく，送り手の決定の結果である．

　まず見出しから考察を始めよう．一般に，もしテクストに見出しを付けるとしたら，見出しはテクストの内容の核心を反映していなければならないから，コミュニケーションの対象の要素のなかで「若さ」という要素に第一位のランキングを与えた以上，見出しのトップは「若さ」であることは動かないであろう．しかし，第二位のランクを与えられた「住民の力」もまたトップに次ぐ見出しとして扱う必要がある．この二つの要求に応えようとして，送り手はまずLeipzigという町を擬人化する．すなわち，送り手は町を女性にたとえる．その女性が若いと直接には書かないけれども，永遠の若さの水を泉から飲んでいると書くことによって，間接的に若いことを表現している．そして，その永遠の若さが「住民の力」に由来することもまた，直接には書き表されていないとはいえ，そのことはテクストを読んだ受け手が泉の比喩的意味を知るときに判明するよう仕組まれている．

　結果として，見出しには
　　1) meine Stadt －eine schöne Frau －meine Geliebte
　　2) trinken－Brunnen －das Wasser ewiger Jugend
という表現のバリエーションの連鎖が二系列並ぶことになる．

　第一の系列で指示されている対象は一貫してLeipzigの町であって変らないのに反して，指示する名称はStadt－Frau－Geliebteと言い換えられて行っている．見出しの第一の系列では町を女に見立てる「言い換え」という手段ならびに「言い換え」の二つの名詞は，送り手のコミュニケーションの意図からして特別な価値を持っている．つまり，「言い換え」ならびにその実現としての二つの名詞は，文体要素であると言うことができる．第二の系列では，trinken－Brunnen－Wasserは意味的に互いに関連し合って一つの意味グループとしてのまとまりを示している．つまり，ここでは人間の行為「飲む」に属する動詞や名詞が意味の同位元素レベル（→10.1.1.4.）を作っており，そのことが文体要素になっている．

　　次に，本文の第1パラグラフを考察しよう．ここでは下のような表現のバリエーションの連鎖が並んでいる．
　　　alt－achthundert Jahre（alt）－Fünfjahrtausende（alt）－Alter－

Vergangenheit－heute－Kindheit－Jugend－Alter　von　achthundert Jahren－jünges frisches Gesicht－jung－jünger werden

これらもまた意味的に互いに関連し合って，「人間の年齢」という一つの意味グループとしてのまとまりを示している．つまり，ここでも意味の同位元素のレベルという言語手段と，その実現としてのそれぞれの語や語句が文体要素になっていると言うことができる．

　第2パラグラフはどうだろうか．ここには下のような二系列の互いに異なる表現のバリエーションの連鎖を認めることができる．

1) Menschen－bewohnen－Arbeit－Erfindergeist－Lebensfreude－Kampf－eine Stadt lieben－Menschen lieben－schöpferische Kraft lieben
2) Märchen－Jungbrunnen

第一の系列は，「人間ないし人間の諸活動」を表す表現のバリエーションの連鎖である．意味の同位元素のレベルはヒエラルヒーを形成するので，「人間」そのものの方が「人間の諸活動」よりも上位のレベルにある．したがって，この系列にはレベルの異なる意味的同位レベルが共存していることになる．ただ，ここでは Menschen だけが「人間」そのもののレベルに属し，他は「人間の諸活動」に属しているので，便宜上，上位・下位のレベルを一つに合わせて「人間ないし人間の諸活動」という重層的なレベルに一括しておくが，ここでも，意味の同位元素レベルという言語手段と，その実現としてのそれぞれの語や語句が文体要素であることは明らかであろう．

　第二の系列はバリエーションの数は多くないが，ここでも「生命の泉」のメルヒェンが意味的同位元素のグループを作っており，その意味的同位元素のグループが文体要素をなしていると言うことができる．なお，系列の最初の Märchen が，第1パラグラフの最後の文 Wie im *Märchen*: das Wasser des Lebens trinken macht jung. に含まれる Märchen を再録（→10.1.1.1. および10.2.4.2.4.）することによって，第1パラグラフと第2パラグラフのあいだの結束構造（→10.1.1.1.）を作り出していることにも注意したい．

　さて，ここまでの考察から，このテクストは，町を女に見立てる言い換えと「人間の年齢」，「人間ないし人間の諸活動」，「生命の泉」という三つの意味的同位元素のグループ，ならびにその実現としてのそれぞれの語や語句を文体要素として利用していることが明らかになった．同時に，言い換えのバ

10.2. 文　　体

リエーションの連鎖が考えもなしにどこまでも引き延ばされたり，三つの同位元素のグループのバリエーションが際限なく拡張されたりしているわけではないことも明らかになった．バリエーションは特定の視点から選び抜かれたものだけが配列されており，選択が意図的に制限されていることが見て取れる．それでは，そのようなコントロールは何に起因するのであろうか．それは，一つにはこのテクストの背後にあるコミュニケーションの課題と意図に起因し，一つにはテクストの「テーマ」に由来する．「テーマ」はテクストを作る際に主導的なはたらきをするからである．

　文体要素について以上で考察した事柄の妥当性を確かめるために，同じコミュニケーションの対象について作られた別の種類のテクストを，ふたたび文体要素の観点から分析してみよう．こちらは旅行ガイドから引用した都市 Leipzig の記事である．

(89) 　Leipzig ist Bezirksstadt und mit 580711 Einwohnern die zweitgrößte Stadt der Deutschen Demokratischen Republik. Es liegt inmitten der Leipziger Tieflandsbucht, die seit alters Schnittpunkt wichtiger europäischer Verkehrswege ist. Leipzig entwickelte sich zu einem Treffplatz der Völker, zu einer weltoffenen Handels- und Kulturmetropole. Dieser geschichtlichen Aufgabe dient auch das sozialistische Leipzig: Es ist die Stadt der Messen und Kongresse, des Buch- und Pelzhandels, ein Zentrum der Industrie, der Wissenschaft und des Sports, eine hervorragende Pflegestätte der Musik. Tradition und lebendige Gegenwart geben Leipzig den Rang einer Großstadt von nationaler und internationaler Bedeutung. Charakteristisch für die achthundertjährige Stadt an der Weißen Elster und der Pleiße ist ihre außergewöhnliche Vielseitigkeit. (Enzyklopädie, 461) (Leipzig は県都である．人口は580711人，ドイツ民主共和国第二の大都市である．昔からヨーロッパの交通路の重要な交点である Leipzig 低地盆地の中央に位置している．Leipzig は諸民族の落ち合う場所となり，世界に開かれた商業と文化の中心となった．社会主義の時代になってからの Leipzig もこの歴史的な役割を果たしている．Leipzig は見本市と国際会議の町であり，書籍と毛皮が取り引き

される町であり，工業と学問とスポーツの中心であり，音楽の優れた保護奨励の場所である．長い歴史と今日の盛況が，Leipzig に国民的にも国際的にも重要な大都市のランクを与えている．Weiße Elster 河と支流 Pleiße に接する800年の歴史を有するこの町に特徴的なのは，その極めて豊かな多面性である）

都市 Leipzig をコミュニケーションの対象とするこのテクストの「テーマ」，つまり主導的な考えは，「Leipzig が極めて多面的な性格の都市である」という考えである．送り手はこの「テーマ」をテクストのなかで展開するにあたって，コミュニケーションの対象を作っている要素を次のような四つのグループに分けて選び出し，それぞれのグループに重要性のランキングを与えた．このランキングは，それぞれのグループが「テーマ」のヒエラルヒーのなかで占めるランキングである．それぞれの見出しの下に記したのは，各要素に関わる語彙のバリエーションである．語彙の展開順は，送り手がテクストの意図にふさわしいようにと，文法的・語彙的環境を考慮して決定した．

コミュニケーションの対象を作っている要素（その1）：行政単位としての Leipzig

 Bezirksstadt—580711 Einwohner—zweitgrößte Stadt der Deutschen Demokratischen Republik—das sozialistische Leipzig

コミュニケーションの対象を作っている要素（その2）：地理的・歴史的位置づけ

 Leipziger Tieflandsbucht—Schnittpunkt wichtiger europäischer Verkehrswege—achthundertjährige Stadt an der Weißen Elster und der Pleiße

コミュニケーションの対象を作っている要素（その3）：国際的位置づけ

 Treffplatz der Völker—weltoffene Handels- und Kulturmetropole—Stadt der Messen und Kongresse—(Stadt) des Buch- und Pelzhandels

コミュニケーションの対象を作っている要素（その4）：国内的位置づけ

 Zentrum der Industrie—(Zentrum) der Wissenschaft—(Zentrum) des Sports—Pflegestätte der Musik—Großstadt von nationaler und internationaler Bedeutung

コミュニケーションの対象を作っている要素（その1）から（その4）まで目を通すと，要素（その1）では，580711 Einwohner を除き，他のすべて

10.2. 文　　体

の語句はコミュニケーションの対象要素の言い換えである．つまりここでは，言い換えという言語手段ならびにその実現であるそれぞれの語句が文体要素を形作っている．そして，各語句の言い換えが情報的に決して重複しないばかりか，Leipzig に関する重要な情報を供給するものだけに限られているのを見ると，送り手が「テーマ」に忠実であることがよく分かる．すなわち，この例でも，言い換えのバリエーションのむやみに増えることを「テーマ」が防いでいる．

　コミュニケーションの対象を作っている要素（その１）に属する三つの語句は「Leipzig の地理的・歴史的位置」という意味的同位元素のグループを形作っている．それゆえ，ここでは意味的同位元素のグループという言語手段とそれぞれの実現形態が文体要素である．

　さらに，コミュニケーションの対象を作っている要素（その３）ならびに（その４）では，ふたたび，言い換えという言語手段ならびにその実現であるそれぞれの語句が文体要素となっているが，一部に，言い換えの際に同じ形式が反復されていることに注目したい（Stadt der Messen und Kongresse－[Stadt] des Buch- und Pelzhandels ならびに Zentrum der Industrie－[Zentrum] der Wissenschaft－[Zentrum] des Sports）．反復もまた重要な文体要素である．言い換えるにあたって同じ形式が反復されていることは，無制限に言い換えを続けるのを抑えて，重要な情報だけを受け手の頭に入りやすい形で与えようとする送り手の配慮の現れである．すなわち，この例においても，もっぱら Leipzig に関する多面的な情報を集中的に受け手に供給するという，テクストの背後にあるコミュニケーションの課題と意図が送り手にはたらきかけていることが認められる．

10.2.3.2. コミュニケーション方式ならびにパースペクティブ

　指示対象をどのように呼ぶか，つまり指示名の選択を決定する因子の一つは，すでに見たとおり，「テーマ」である（→10.2.3.1.）．しかし，「テーマ」のほかにもこの選択に深く関わる因子がある．それは，コミュニケーション方式である．コミュニケーション方式には二つの根本的に異なる方式がある．すなわち，事態を「語る」という方式と事態を「論評する」という方式である（→10.1.8.1.）．送り手が事態について相手に語って聞かせる方式を採る場合と，事態を論評する方式を採る場合とでは，おのずから表現の選択が異

なってくる．

　例えば，私たちは自分が遭遇した交通事故について，家庭で家族を前にして話す場合には，体験者としての自分を中心に据えた視点から，相手をはらはらさせるように事故を「語る」であろう．けれども，同じ交通事故の目撃者として警察で証言する場合には，客観的な立場に立って，できるかぎり前後関係をはっきりさせようと努めながら，事故を中心に据えた視点から「論評」することであろう．これと同じ区別は，私たちが自分の体験ではなくて他人が見聞した事柄をその人から聞いて，こんどはそれを誰か別の人に伝える場合についてもあてはまる．すなわち，私たちは他人が見聞した事柄を誰かに向かって「語る」こともできるし，「論評する」こともできる．

　パースペクティブとは，テクストにおける空間・時間・人物・思考に関する視線のことであったが（→10.1.3.1.），送り手はいつもこのパースペクティブの起点に立っている．語る際には語り手として，論評する際には論評者として．そして，送り手が語り手となるときは，語りにふさわしい言語手段が選択され，送り手が論評者となるときは，論評にふさわしい言語手段が選択される．そして，送り手が語り手となるか論評者となるかは，テクストが属するジャンルによって決まっていることもある．例えば，童話や小説のような物語テクストでは，送り手が語り手であることはほぼ一定しているし，評論や報道文のような記述テクストでは送り手は論評者である．しかし，テクストのなかには，送り手がどちらか一方の立場に固定していない場合も多く，語り手から論評者へ，また，論評者から語り手へと立場が切り替わることもある．とりわけ話し言葉のテクストではこのような切り替えが行われることが多い．

　送り手が語り手となるか論評者となるかは，テンスの選択に現れる．語りのテンスは，過去，過去完了，条件法Ⅰ，条件法Ⅱであり，論評のテンスは現在，現在完了，未来，未来完了である（→10.1.8.1.）．送り手が語りのテンスを選ぶことは，同時に，送り手が過去の出来事を同じ時間のレベルに立って目撃者として眺めるという方向を取ることを意味する．また，送り手が論評のテンスを選ぶことは，送り手が過去の出来事を現在の時点に立って，そこから過去を振り返って眺めるという方向を取ることを意味する．したがって，送り手が語りのテンスを選ぶか論評のテンスを選ぶかということは，パースペクティブのうち時間に関するテクストの視線を選ぶことと同じであ

10.2. 文　　体

る．また，もし送り手がテクストの途中で語りのテンスから論評のテンスへと切り替えるならば，それはパースペクティブの切り替えを意味する．

　話し言葉のテクストでは，途中に送り手の評価や判断が挿入されたり，比較の対象に話が飛躍したり，余談にわたったり，話が前後したりすることがしばしば起こる．それに関連して，その都度，空間・時間・人物・思考に関する視線，つまりパースペクティブが切り替わる．パースペクティブの切り替えもまた，表現の選択に決定的な影響を及ぼす．

　コミュニケーションの方式ならびにパースペクティブが文体とどのように関わっているかを実例で確かめよう．

(90)　Schon am Start in Liberec ließ der Himmel ahnen, daß das sonnige Wetter des Vortags eine Rarität bleiben sollte, und nach 75km öffnete der Himmel denn auch wieder seine Schleusen und sorgte dafür, daß diese Friedensfahrt* wohl auch endgültig als die große Unwetterfahrt in die Annalen eingehen wird. (Enzyklopädie,462)　（すでにスタート地点のLiberecで，空は前日の快晴はあくまでも史上まれな例外になるのではないかと予感させたが，75km進んだ地点では，実際また再び天の堰を切ったようなどしゃ降りとなり，今回の平和レースは大悪天候レースとしても史上に名を残すことほぼまちがいなしという結果になったのだった）

　これは新聞に掲載された国際自転車レースの現地報告の一部で，天候の状況を報じた部分である．天候をコミュニケーションの対象にしているけれども，いわゆる天気予報の記事とはずいぶん趣が変わっている．それは，この例(90)を含むオリジナルのテクストが国際大レースのルポルタージュであるため，それに相応しいコミュニケーション方式として語りの形式を選択したためである．

　すなわち，送り手は天候という指示対象を物語りの登場人物に見立てた．そのため，天候について擬人法的な表現が選択されている．

　　ließ der Himmel ahnen－das sonnige Wetter－eine Rarität－er sorgte

---

*旧ドイツ民主共和国(DDR)で毎年，平和のために開催されていた，DDRとチェコスロヴァキアとポーランドを巡る国際自転車レース．

dafür, daß ... — öffnete der Himmel seine Schleusen

擬人法の本質は言い換えである．言い換えという言語手段がここでは文体要素となった．

　また，送り手はレースの現場に居た．そして，自らがそこで目撃した天候の変わり方を主観的に「語って」いる．コミュニケーション方式として「語り」を選んだために，テクストのテンスには，「語りのテンス」に属する過去形が選ばれた．したがって，このテクストでは過去形という形式そのものが文体要素であるし，過去形という形式のそれぞれの実現形態も文体要素である．なお，文末の wird は接続法第 I 式の werde に代る直説法である．

　過去形を選んだということは，さらに，パースペクティブのうち時間に関する視線の方向として，送り手がレースを開催時と同じ時間のレベルに立って目撃者として眺めるという方向が選ばれたことを意味している．

　同じ日付の新聞に載せられた天気予報は次のようである．

(91)　Ein Tiefdruckgebiet zieht über das südliche Mitteleuropa hinweg ostwärts und beeinflußt besonders die südliche Hälfte der DDR mit gewittrigen Niederschlägen. Heute und nachts wird es in der südlichen Hälfte der DDR wolkig bis bedeckt sein und zu Niederschlägen kommen, die in der zweiten Tageshälfte gewittrig sind. Im übrigen Gebiet wird es besonders vormittags zum Teil heiter, nachmittags wolkig sein, und nur vereinzelt tritt Niederschlag auf. (Enzyklopädie, 462f.)　（低気圧の一団が中部ヨーロッパの南部を東方へと移動中で，とくに DDR の南半分は雷雨をともなう降水の影響を受けるであろう．日中から夜分にかけて，DDR の南部は雲が多いか曇りの見込み．また，降水が見込まれるが，降水は午後には雷雨となる．その他の地域では，とくに午前中はところによって晴，午後は曇りとなる見込み．ごく局所的に降水を伴う）

　送り手は，論評というコミュニケーションの方式を採用している．そのことと関連して，このテクストでは論評の時制に属する現在と現在完了と未来が使われている．これらの時制がコミュニケーションの方式を示唆しているという意味で，これらの時制とその実現形態が文体要素である．

　テクスト全体の，主観も情緒も混じえない乾いた印象は，一つには次のような天候に関する専門用語から由来する．受け手に特定の印象を与えること

10.2. 文　　体

は効果をもたらすことに他ならないから，これらの専門用語は文体要素であると言うことができる．

Tiefdrucksgebiet — (mit) gewittrigen Niederschlägen — wolkig bis bedeckt — Niederschlägen — gewittrig — heiter — wolkig — Niederschlag

これらの天候に関する専門用語とともに使われる没主観的な表現も，主観も情緒も混じえない乾いた印象を醸し出すのに一役買っている．すなわち，これらもまた文体要素である．

Ein Tiefdruckgebiet zieht über ... hinweg ostwärts — (Ein Tiefdruckgebiet) beeinflußt ... mit gewittrigen Niederschlägen — ... wird es ... wolkig bis bedeckt sein und zu Niederschlägen kommen — ... tritt Niederschlag auf

国名・地名をはじめ地域を意味する表現も地理的な情報以外はもたらさないから，主観も情緒も混じえない乾いた印象を醸し出すことに寄与していると言うべきである．とりわけ，„morgen Nachmittag"と言い表す代わりに使われている in der zweiten Tageshälfte は同じ印象を醸し出すのにとりわけ役立っていると言うべきであろう．したがって，これらの表現もまた文体要素を形成しているのである．

das südliche Mitteleuropa — zieht ostwärts hinweg — die südliche Hälfte der DDR beeinflussen — in der südlichen Hälfte der DDR — in der zweiten Tageshälfte

10.2.3.3. コミュニケーション状況

送り手は，コミュニケーションしようとして言語体系が提供する言語手段のバリエーションのなかから特定の言語手段を選択するが，その場合に，彼の選択はコミュニケーションが行われる場面の具体的な諸条件に影響を受ける．それは，コミュニケーションが行為の一種だからである (→10.1.2.1.)．あらゆる行為は具体的な場面のなかで行われ，場面の因子の影響を受ける．さきに10.2.2.の末尾で見た，文体要素の二つの基本的な性格がここでも認められる．すなわち，第一に送り手が場面の具体的な諸条件に影響を受けた結果，場面にもっとも相応しい言語手段を選ぶこと，第二に選ばれた言語手段が文体手段となること．この二つの基本的な性格は，文体要素が機能的であるということを意味しているとともに，文体要素が場面に規定されることを

表現・文体

意味している．

　作家はこの事実を逆に利用する．すなわち，同一の登場人物に異なる場面でそれぞれに異なる話し方をさせることによって，コミュニケーションの場面の性格を浮き彫りにしようとする．以下に実例でこのことを検討しよう．

　同じ小説の同じ主人公が，場面によって話し方が異なる．最初の例では，彼は法廷で裁判官にむかって話している．

(92)　Und Diederich schloß : „Daher, meine Herren Richter, war ich berechtigt, dem Angeklagten, als er nörgeln wollte, mit aller Entschiedenheit entgegenzutreten. Ich habe ohne persönlichen Groll gehandelt, um der Sache willen. Sachlich sein heißt deutsch sein! Und ich meinerseits"－er blitzte zu Lauer hinüber－„bekenne mich zu meinen Handlungen, denn sie sind der Ausfluß eines tadellosen Lebenswandels, der auch im eigenen Hause auf Ehre hält und weder Lüge noch Sittenlosigkeit kennt!" (H. Mann, 231f.)（そしてDiederichは彼の証言をこう結んだ．「でありますから，裁判官閣下各位，被告が不平を述べようとしたときに，私が断固として彼に立ち向かったのは正当なのであります．私は個人的な憤懣から行動したのではありません．客観的事態がそうさせたに過ぎないのであります．客観的であることはすなわちドイツ的であることであります．そして，私といたしましては，－ここで彼はLauerに険しい視線を送った－自分の行為がまったく正しかったと申さざるを得ません．私の行為は，自己の家庭においても正義を重んじる者の，嘘とも不道徳とも無縁の，非の打ちどころのない生活態度の発露なのであります」）

　下の例(93)では，主人公はビヤホールで年下の知人と話している．ただ，時間的には，例(92)のほうが後にくる場面である．

(93)　Jadassohn schlug vor, in Klappschs Bierstube einzutreten.
　　　„Ich gehe also hin", fuhr Diederich drinnen fort, „in der Absicht, die ganze Geschichte mit der Besoffenheit des betreffenden Herrn zu entschuldigen, schlimmstenfalls mit seiner zeitweiligen Geistesumnachtung. Was meinen Sie statt dessen? Frech wird der Heuteufel. Markiert Überlegenheit. Übt zynische Kritik an

— 102 —

10.2. 文　　体

unserer Huldigungsadresse und, Sie werden es nicht glauben, sogar an dem Telegramm Seiner Majestät!"(H.Mann, 165f.)(Jadassohnは，[街路で立ち話もできないので]Klappschの店に入って話そうと提案した．Diederichは入るなり，「とにかく，俺は我慢するよ．問題の男の泥酔にまつわるあらいざらいをすっかり水に流してやろうと思ってさ．最悪の場合は，奴がときどき起こす精神錯乱にまつわる一件もさ．ほかに何かいい考えがあるかい．Heuteufelの奴，図太くなりおって．すっかり上手(うわて)を取ったつもりで，俺達の忠誠の建白書のことまでちくちくと嫌みを言いやがる．信じられるかい，奴は陛下の電報まで揚げ足を取ろうと言うのだぜ」)

例(92)では，場面が法廷であること，コミュニケーション活動が法廷における発言であること，発言者の役割が証人であること，コミュニケーションの対象が証人の信条の吐露であることなどの事情が，テクストに公的で格調高い特徴を作り出している．Meine Herren Richter「裁判官閣下各位」という呼びかけ，Lauerの名前を言わないでdem Angeklagten「被告」という呼び方，ich meinerseits bekenne mich zu ...「私といたしましては，…がまったく正しかったと申さざるを得ません」という日常の会話では用いない表現，Ausfluß eines tadellosen Lebenswandels「非の打ちどころのない生活態度の発露」という名詞文体(→10.2.8.2.3.)による自己賛美，などはすべて文体要素である．上辺は話し手であるDiederichが自分のコミュニケーションの意図をもっとも効果的に達成しようとして選び出した言語手段であるが，実はコミュニケーションの場面の性格を浮き彫りにしようとする作者の意図から選択された．

例(93)では，場面がビヤホールであること，コミュニケーション活動が私的なくつろげる場所における発言であること，発言者の役割が全くの私人であること，コミュニケーションの対象が発言者の憤懣のはけ口であることなどの事情が，テクストにぞんざいで日常的な特徴を作り出している．

いささか大まかな印象を与えるdie ganze Geschichte mit der Besoffenheit「泥酔にまつわるあらいざらい」といった言い方や，frech wird der Heuteufel「Heuteufelの奴，図太くなりおって」，ならびにmarkiert Überlegenheit「すっかり上手(うわて)に取ったつもりで」というような口語的なざっくば

らんな言い方など，すべて文体要素であって，これらもまた，コミュニケーションの場面の性格を浮き彫りにしようとする作者の意図から選び出されたのである．

コミュニケーションの場面の性格を浮き彫りにすることと並んで，登場人物の性格描写もまた作家の腕の振るいどころである．作家は，登場人物に現実のいろいろな場面で話させることによって，その文体要素からその人物の性格を浮かび上がらせようと試みる．法廷の場における deutsch sein「ドイツ的であること」，Ausfluß eines ... Lebenswandels「生活態度の発露」，auf Ehre halten「正義を重んじる」のような言葉遣いや，ビアホールにおける Huldigungsadresse「忠誠の建白書」，Telegramm Seiner Majestät「陛下の電報」のような言葉遣いは，文体要素である．これらの文体要素から読者は，発言者のイデオロギー的な立場や所属する階級を明らかに知ることができる．場合によっては，発言者の教育の程度すら知ることができる．

登場人物の言葉遣いの一つ一つは孤立しているのではなくて，発話のなかに含まれているのであるから，言語的コンテクストに囲まれていると言うことができる．そして，発話そのものはまた特定の場面のなかで発せられるのであるから，発話は言語外的コンテクストに囲まれていると言うことができる．結局，登場人物の言葉遣いの一つ一つを囲んでいるコンテクストは，言語的であり，なおかつ言語外的である．したがって，文体要素が効果を発するのに必要な条件は，それが言語的コンテクストならびに言語外的コンテクストに囲まれていることである．すなわち，文体要素の機能はコンテクストに条件づけられている．

言語手段のなかには，特有の使い方が言語体系によって決められているものがある．高度に標準化され，形式化されている例を挙げるならば，聞き手に対する呼びかけの場合がそうである．聞き手と親しい間柄で，しかも個人的な場面では，聞き手に „Du, Hans" と呼びかけるし，同じく親しい間柄であっても，同業であることが関係する場面では，„Lieber Kollege" と呼びかける．しかし，同業であることが関係していても，公的な場面で，しかも聞き手に対して敬意をもって話しかけなければならないという言語外的で社会的な因子がからんでいると，„verehrte Kollegen" と呼びかける．あるいは，公的な場面で一般的に話しかける場合は，„liebe Freunde und Genossen" と言う．また，書き言葉の場合など，正式でうやうやしい感じを出すには，

10.2. 文　　体

„Sehr geehrter Herr Doktor"という呼びかけで始めなければならない．

　手紙の結びの挨拶も，特有の使い方が言語体系によって決められている場合の一つである．親しい間柄の個人的な手紙は，„Herzlichst"，„Mit herzlichem Gruß"，„Alles Gute！"などで終わるが，親しい間柄で個人的によく知っているけれども，仕事の上で書くために，言語外的で社会的な因子がからんでいると，„Mit freundlichen Grüßen"とか„Mit kollegialem Gruß"で終わる．また，公式的な場合は，„Hochachtungsvoll"と書く．公式的で敬意を強調する必要がある場合は，„Mit vorzüglicher Achtung"でしめくくる．

　もっとも，これらの言語手段の使い方が言語体系によって高度に標準化され形式化されているとは言っても，けっして，これらの言語手段が言語外的な場面と一対一で固定された関係にあると考えてはならない．もし一対一で固定された関係にあるならば，これらの言語手段が現れているという理由だけで，どんなコミュニケーション場面であるかを同定できるはずである．けれども，実際にはそのようなことは起こりえない．言語体系によって高度に標準化され形式化された言語手段が現れている場面であっても，その場面には他にも非常に多種多様な場面要素が関係しているので，問題の言語手段一つを根拠にその場面のコミュニケーション的な性格を特定するわけにはゆかないからである．また，同じ理由から，問題の言語手段が文体要素であると決めることもできない．文体要素はあくまでもコンテクストによって条件づけられるものである．

　言語体系によって高度に標準化され形式化された言語手段が現れている場面であっても，その場面には他にも非常に多種多様な場面要素が関係していることを，„Liebe Freunde und Genossen"という呼びかけの例で示そう．これは，公的な場面で一般的に話しかける場合に用いられることになっているが，実際のコミュニケーション場面はもっと細分化されていて，使用上にいろいろな制限がある．すなわち，この呼びかけは，青少年団体や，政党や，公衆の集まりで使われる．しかし，大学の講義などでは使われない．また，手紙などの書き言葉によるコミュニケーションには用いられない．

10.2.4. 文体のあや

10.2.4.1. 文体のあやの本質
　テクストの受け手は，テクストの途中で突然それまでの程度や質と異なる表現に出会ったり，場面から想定していた期待と異なる表現に出会うと，通常の表現と対照的に異なることに強い印象を受ける．送り手が**文体のあや** Stilfigur を使うのは，受け手にこのような印象を与えるためである．例えば，

　(94)　Die Stadt ... *atmete* heftiger als sonst. Ihr *Atem* fuhr als geballter Rauch aus hundert Fabrikschornstein in den Himmel. （町はふだんよりも激しく呼吸していた．その息は，もくもくとした煙となって，無数の工場の煙突から空へ登っていった）

に使われた動詞 atmen や名詞 Atem の使い方は，一般に社会で通用している使い方とは大幅に異なっている．むろん，それが隠喩（→10.2.4.2.1.）として使われているのは明らかであるが，しかし，Er *atmet* Freiheit.「彼は自由をぞんぶんに味わっている」や Die Stadt *atmet* Frieden.「町は平和に包まれている」のような使い方と違って，辞書には収録されていない使い方である．つまり，作者の個性が生み出した独自の使い方であって，独自の価値をテクストに与えている．それゆえ，ここに使われた atmen や Atem は，文体のあやと呼ぶことができる．

　他方，Er *atmet* Freiheit. や Die Stadt *atmet* Frieden. の atmen も隠喩的に使われていることは確かであるけれども，辞書に載っているということは，その使い方がすでに固定化したものであり，色あせたものだということを意味している．したがって，こちらの atmen の使い方は文体のあやと呼ぶことができない．文体のあやが隠喩であるのは大いにありうることであるが，隠喩であるからと言って，隠喩がすべて文体のあやであるとは限らないのである．

10.2.4.2. 文体のあやの分類
　上の一例を見ても察しられるように，文体のあやは言語表現を効果的に形成するのに重要な手段である．このことはすでに古代にもよく認識されていた．そのため，早くから注目され，とくに教授する目的のために，組織立て

10.2. 文　　体

ることが幾度となく試みられた．その結果，文体のあやの分類はますます複雑になっていった．以下では，実用的な分類として，文体のあやを代替のあや（10.2.4.2.1.），付加のあや（10.2.4.2.2.），脱落のあや（10.2.4.2.3.），配列のあや（10.2.4.2.4.）の4種に分ける．

10.2.4.2.1.　代替のあや

　先行する本来の表現を別の非本来的な表現で置き換えることを言う．一般にトローペ Trope という術語で呼ばれる．ギリシャ語の trópus に由来し，原意は「変化」，「交換」，「言い直し」，「入れ替え」など．

　代替のあやは，置き換えられる表現のタイプに応じて，究極的には下のように4グループに分ける．

```
              代替のあや　（Trope）
         ┌─────────────┴─────────────┐
   言い換え（Umschreibung）      言い直し（Übertragung）
   ┌─────┴─────┐             ┌─────┴─────┐
  迂言法       強調           換喩         隠喩
(Periphrase) (Emphase)     (Metonymie)   (Metapher)
```

　言い換えは，置き換える表現が置き換えられる表現の概念領域の内部にとどまっている場合を言い，**言い直し**では，置き換える表現が置き換えられる表現の概念領域の外部にあって，置き換えた場合に明らかに概念のレベルが交代する．

(95)　Am Abend seines fünfunddreißigsten Geburtstages lud er Gäste ein : Felix, *den Weltverbesserer*, und Uschka, *die nüchterne Magd und gläubige Thespisjüngerin*, ...（35歳の誕生日の夕，彼は次のような客を招待した．世界改革者の Felix，冷静な娘で，かつ，信心深い劇団見習生である Uschka, ...）

「世界改革者」という特性は Felix のものに違いないし，「冷静な娘で，かつ，信心深い劇団見習生」という特性は Uschka に属している．その意味で，置き換える表現である「世界改革者」は，置き換えられる表現である Felix の概念領域の内部にとどまっている．「冷静な娘で，かつ，信心深い劇団見習生」

と Uschka についてもおなじことが言える．

一方，下の例では事情が異なるように思われる．

(96) Loga vergaß die Toten zu zählen, er zählte die Fahnen und die Festbirken vor den Höfen. Die große Fahne, wie ein Torbogen hing sie über der Straße; ... der Wind blähte der Fahne einen dicken *Bauch*, und die Sonne *nistete* darin. （Loga は死者を数えるのを忘れた．彼は，広い庭の縁に立てられた旗と祝祭の白樺を数えた．なかでも大きな旗は道路の上に門のアーチのようにかかっていた．風が吹き付けて旗を出っ腹にし．太陽がその出っ腹に巣喰った）

作者は，„der Wind blähte die Fahne auf"「風が旗を膨らませた」と言うのを控えて，その代わりに der Wind blähte der Fahne einen dicken Bauch と言い直した．また，„die Sonnenstrahlen fielen hinein"「陽の光がそこに射していた」と言う代わりに die Sonne nistete darin と言い直した．言い直しに使われた Bauch ならびに nistete が置き換える表現に当たるが，置き換えられる表現である Fahne ならびに Sonne の概念領域の内部のどこを探しても，Fahne と Bauch の概念上の関係ならびに Sonne と nisten の概念上の関係を見つけることはできない．ここには概念のレベルの交代が明らかに認められる．このような場合を**言い直し**と呼ぶ．

言い換えの下位区分である**迂言法**と**強調**は，置き換えられる表現が顕在的な言語手段によって際だたせられるか，それとも，非顕在的な言語手段によって際だたせられるかという点で互いに区別される．

迂言法では，置き換えられる表現が語彙的にまったく別の表現によって代替される．例えば，„Beethoven"が„der große Ringer"によって．

強調とは，置き換える表現が置き換えられる表現と同一であって，しかもその同一の表現に内在している特性によってより深い意味が表される形式である．したがって，置き換える表現にアクセントが置かれたり，引用符が付けられたりして，強調を顕在化させることが多い．例えば，

(97) Und weil der Prolet ein ***Prolet*** ist/Drum wird ihn kein anderer befrein. （プロレタリアはプロレタリアであるがゆえに，プロレタリアを解放するのはプロレタリア以外にはないだろう）

言い直しの下位区分は，**換喩**と**隠喩**である．換喩では，置き換えられる表

10.2. 文　　　体

現の概念領域はもはや問題ではなくなって，置き換える表現と置き換えられる表現のあいだの事実上の関連が言い直しの契機となる．例えば，新聞のサッカーの記事の一節，

(98) 　*Österreich* lacht—*Brasilien* zittert. （オーストリアは笑い，ブラジルはわななく）

ここで言う「オーストリア」とはオーストリア人のサッカーファンのことであり，「ブラジル」とはブラジル人のサッカーファンのことである．国家と国民という事実上の関連がこの言い直しを可能にしている．

隠喩の場合は，言い換えは事実上の関連には基づかず，類似性の関連に基づいている．

(99) 　Die Lehrerin hörte auf zu spielen. Peter legte sich ins Gras. Gerade über ihm zog eine Wolke, wenn man es nicht genau nahm, war es eine *Flötenwolke*. （先生は吹くのをやめた．Peter は草に寝ころんだ．ちょうど彼の真上を雲が動いていった．こう言ってよければ，それはフルート雲だった）

Flötenwolke とは，Wolke wie eine Flöte「フルートのような雲」の意味である．ただ，「フルート雲」が隠喩であるのに対して，「フルートのような雲」は直喩 Vergleich と呼ばれる．Flöte「フルート」と Wolke「雲」のあいだに wie「のような」というつなぎの言葉が入っているのが直喩の言語上の特徴である．どんな隠喩でも，その契機は類似性であり，分解すれば直喩に還元できる．さもなければ，隠喩を使ったコミュニケーションは成立しないし，受け手に理解されることもない．

とは言っても，隠喩がいつも具象的であるとは限らない．

(100) 　Lispelnder Regen, *Grünes Gedächtnis*. /Windhalmgeflüster im leisesten Wind. /Auch dieser Sommer wird schon Vermächtnis : / Tage, die staubgrau vergangen sind. （雨のささやき，緑の記憶／そよ風のなかの茎のざわめき／今年の夏もすでに遺言となる／塵のグレイのなかに過ぎ去った日々よ）

上の例に含まれている五つの隠喩，lispelnder Regen, grünes Gedächtnis, Windhalmgeflüster, Vermächtnis, staubgrau のうち，grünes Gedächtnis 以外はすべて具象的であり，類似性を見通すことが容易である．それに反して，grünes Gedächtnis は，かつては青々と茂っていた夏の自然の追憶を表現

しているとは推察されるものの，具象性が乏しいために，そのような推測にたどり着くのは容易でない．難解な暗喩は，それだけに印象は強く，効果的であるが，難解に過ぎると，理解されなくなり，コミュニケションの不成立に終わる．

10.2.4.2.2. 付加のあや

付加 Hinzufügung のあやも4種類に分けられる．

<pre>
                        付加（Hinzufügung）
      ┌──────────────┬──────────────┬──────────────┐
    反復   対置   積み上げ   添加
(Wiederholung) (Entgegensetzung) (Häufung)   (Beifügung)
</pre>

反復のあやは種類が非常に多い．言語の語彙のレベルでも，形態論や統語論のレベルでも，音韻のレベルでも行われるからである．また，文学作品ばかりでなく，実用散文や学術散文，それに日常の話し言葉でも行われるのが反復のあやの特徴である．

(101) Schon jetzt kann festgestellt werden, daß neben *Merkmalen* in Struktur und Funktion der Familie vor allem *Merkmale* der Persönlichkeit und weniger die *Merkmale* der Lebenssituation die Unterschiedlichkeit der beiden Tätergruppen konstituieren. （すでに今から，家族の構造と機能に現れた特徴のほかに，とりわけ人格の特徴と，すこし程度は下がるが，生活状況の特徴が，双方の犯人グループの相違を決定していることは確認できる）

(102) *Schnell, schnell, schnell!* （はやく，はやく，はやく）

(103) in *B*ausch und *B*ogen　（一切合切ひっくるめて．Bausch と Bogen は頭韻を踏んである）

反復には，同一の言語単位の反復のほかに，類似の言語単位の反復も含まれる．

(104) mit *K*ind und *K*egel　（家族全員で．Kegel は古くは「私生児」を意味した）

対置の基本型は**対照法** Antithese である．すなわち，テクストのなかで対義

10.2. 文　　体

的な表現を対立させることである．対立を明らかにするために反意接続詞や反意的な副詞を使うことが多い．

(105) *Noch* lag Schnee auf den Äckern, **aber** schon trugen die Bäume dicke Blattknospen. （まだ雪が畠に残っていた．しかし，もう樹木はむっくりとした葉芽をつけていた）

対照法の極端な場合が**矛盾語法** Oxymolon である．これは，互いに相容れない意味を持つ二つの語句を統語的に一つに結合して修辞的な効果をあげる方法を言う．

(106) *Ehrlichkeit heucheln* ist soviel wie mit der *Wahrheit schwindeln*. （正直を装うことは，真実に嘘を混ぜて告げるのとおなじ）

矛盾語法はことわざにもよく使われる．

(107) *Eile* mit *Weile*！（急がば回れ）

交差配列 Chiasmus も対置の一種である．対照される語句の内部の配列を互いに逆にすることによって修辞的な効果をあげる．

(108) Von ihnen gibt es zwei Gruppen. Die eine *schreibt mehr als sie weiß*, und die andere *weiß mehr als sie schreibt*. （あの人たちは二派に分かれます．片一方は，自分が知っていること以上に書く人たちですが，もう一方は，自分が書くこと以上に知っている人たちです）

積み上げは，und あるいは sowie を使って積み上げる要素を並列的につなぐ方法である．一つ一つの要素のあいだに接続詞を置く場合もあるし，最後の要素の前にだけ接続詞を置く場合もある．前者の場合を**接続詞畳用** Polysyndeton と呼び，後者の場合を**接続詞単用** Monosyndeton という．

(109) Der Hund/Ist *kräftig* **und** *klug* **und** *gekauft*/Die Gärten zu bewachen. （その犬は力が強い．そして賢い．そして，庭という庭を見張るために買ったものである）

(110) Die Mutter kaufte der Tochter *einen Koffer, einen Mantel, ein Kleid* **und** *was sie sonst noch für die Reise brauchte*. （母親は，娘にトランク，コート，ドレス，その他旅行に必要なものを買ってやった）

もっとも，接続詞が一切省かれる場合もある．その場合は**接続詞省略** Asyndeton と呼ばれる．

(111) *Ein Schreibtisch, ein Sitzungstisch, acht Stühle, ein Schrank, ein Garderobenständer, zwei Bilder, Rundfunkempfänger* — einfache, leichte Möbel, glatt und hell, sachlich : das Zimmer des Kommandeurs.　（デスク，会議用テーブル，椅子8脚，戸棚，コート掛，絵2枚，ラジオ－質素で気取らぬ家具類．すべすべして明るい，実用本位な－これが指揮官の部屋だった）

接続詞畳用と接続詞省略が併用される場合もある．

(112) *Freier* **und** *Sklave, Patrizier* **und** *Plebejer, Baron* **und** *Leibeigener, Zunftbürger* **und** *Gesell, kurz, Unterdrücker* **und** *Unterdrückte.*　（自由身分の者と奴隷，都市貴族と平民，男爵と農奴，同職組合のメンバーと職人．要するに，抑圧する側と抑圧される側）

積み上げの特殊な形式は，次の例のように，最後の要素が先行する要素のまとめになっている場合である（逆に，まとめが先に立って，具体例がその後に列挙される場合もある）．

(113) Nun floß all das ... von seinen Lippen als *Erzählung, Klage, Frage, Selbstanklage,* **die ganze Geschichte seines Christen- und Büßerlebens.**　（いま彼の口からすべてが流れ出た，…それは物語であり，嘆きであり，問いであり，自責であり，彼のクリスチャンとしての，贖罪者としての人生の歴史のすべてであった）

添加は，積み重ねとちがって，統語論的には従属の原理によるものである．つまり，形式としては付加語形容詞がこれに当たるが，内容的には通常的でない，印象力の強い付加語形容詞でなければならないのは言うまでもない．

(114) **Der** *fröhliche* Greis wird von der *kräftigen* Schwester vorübergeführt. Aus einem Fenster vom Hauptgebäude kommt das *hohe* Summen eines Staubsaugers. Ich sehe mich um. Das Fenster ist offen, aber vergittert － ein *schwarzes* Loch, aus dem der Staubsauger schreit wie eine *verdammte* Seele.　（楽しげなよぼよぼの老人が力のありそうな看護婦に連れられて通り過ぎる．本館の窓から掃除機の音高いうなりが聞こえてくる．私はあたりを見回す．その窓は開いているが，格子がはまっている－まるで黒い穴だ．その穴のなかから掃除機が永劫の罰を受けた魂のように叫びたてる）

10.2.4.2.3. 脱落のあや

脱落のあや Auslassung は3種に分けられる．

```
             脱落のあや　（Auslassung）
    ┌─────────────────┼─────────────────┐
   省略           くびき語法           絶句法
 (Ellipse)        (Zeugma)         (Aposiopese)
```

　基本文型を成り立たせるのに必要な文成分が脱落することを**省略**と呼ぶが，文成分を省略する場合，内容的に余剰であると感じられたり，コンテクストから推定できる文成分が省略される．省略の動機は，新聞の見出し，天気予報，電報，広告，スローガン，日記，メモなどで字数やスペースが制限されているため，意味を伝えるぎりぎりのところまで余剰を削る，いわゆる**言語経済学** sprachliche Ökonomie によることが多いが，省略はこのような制限のない自発的な発話においてもしばしば起こる．とくに会話にはしばしば省略が見られるが，それらは時間的制約かスペースの制約のせいか，場面から推測できるという実際的な理由から行われる．

　文体論が扱うのは，省略によって表現性が高まるとか，通常的でないという印象を与えるとかいった文体的効果が達せられる場合に限るのは言うまでもない．上述の実生活における省略は文体的な効果を狙って行われるのではないから，区別して考える必要がある．もっとも，広告やスローガンには，省略がもっぱら効果を狙って行われている例も多く見かける．

　省略によって表現性が高まるのは，テクストのうちの省略が行われた部分とコンテクストのあいだに対比が生まれるからである．

(115) *Sommerzeit−Reisezeit*. Auf der Liste noch zu treffender Ferienvorbereitungen steht bei diesem oder jenem sicher auch die Neuanschaffung eines tönenden Reisebegleiters, sei es überhaupt als Erstanschaffung oder aber als Ersatz durch ein modernes Gerät.（夏－旅行のシーズン．これからなさろうとしている休暇準備のリストには，どの人のところでも，音楽をかなでる旅のお伴の名もきっと書き込まれていることであろう．まったく新規に購入するにしても，何かモダンな機器で代理をさせるにしても）

くびき語法は省略ほど頻繁に使われないが、ユーモラスな効果や、ときには風刺的な効果を生み出す文体のあやである。この呼び名の由来は、実例で見たほうが分かりやすい。子供たちの交通教育に使われる標語、

(116) Nimm dir Zeit und nicht das Leben！（あせらず、命失わず）

では、sich Zeit nehmen（あせらない）と sich das Leben nehmen（命を失う）が重ね合わされているが、それを Zeit という牛と das Leben という牛が nehmen というくびきでつながれている姿に見立てた。むろん、sich Zeit nehmen の nehmen と sich das Leben nehmen の nehmen は意味が違う。しかし、違いを度外視してこれらの二つの成句をつないだところにおかしみが生まれた。

同じ言葉が異なる意味で使われることで笑いが生み出されるジョークは、テクスト全体がこのくびき語法に依存していると言えるであろう。

(117) In der Akademie hielt jemand einen populärwissenschaftlichen Vortrag über das Gravitations*gesetz*, das allein uns mit den Füßen auf der Erde hält, sonst flögen wir in den Weltraum. Da kam ein Wanderer des Weges und fragte：„Und wie war es, bevor das *Gesetz* erlassen wurde？" (Enzyklopadie, 476) （労働者大学でやさしい科学の講演があった。テーマは引力のきまり。「引力のきまりがあればこそ私たちは大地に足をつけていることができるのです。もし引力のきまりがなかったら、私たちの体は宇宙へ飛んでいってしまいます」。そこへよそ者がやってくる。そして、「伺いますが、そのきまりがお上から出されるまではどうなってたんで」）

絶句法は思考の中断 Gedankenabbruch とも呼ばれる。この別名が示しているように、絶句法では文が統語論的に中断されるのと平行して、思考も中断される。

(118) Seine Augen blickten ratlos in der Runde umher：Sagt, was . . .！
（彼の眼は途方にくれて周囲を見回した。言ってくれ、何が…）

文の中絶は意図の観点から3種類に分類される。すなわち、1）場面に影響された中絶、2）思わせぶりの中絶、3）禍を予防するための中絶。日常の会話では、送り手が興奮したり、遠慮したり、あるいは第三者が口を挟んだりして、文が中断され、そのままになることは絶えず起る。これが「場面に影

響された中絶」である．「思わせぶりの中絶」というのは，送り手が言いたいことはそれまでの話から受け手には十分推測はつくのだが，何かの理由から送り手が口にしない場合である．もちろん，この中絶は，通俗小説などで緊張を高める技法として用いられる．第三の中絶は，呪いや悪態の決まり文句やいまいましさを表す発話にしか現れない．

10.2.4.2.4. 配列のあや

　配列のあやの主な型は次の五つである．

　　　　　　　　配列・位置交換　（Anordnung/Platzwechsel）

配置換え	後置	再録	挿入	構文の切替り
(Umstellung)	(Nachstellung)	(Wiederaufnahme)	(Einschub)	(Konstruktionswechsel)

枠外配置	追加	孤立化
(Ausrahmung/ Ausklammerung)	(Nachtrag)	(Isorierung)

　配列のあやの主な五つの型は，配置換えとそれ以外の後置，再録，挿入，構文の切替りの二つにグループ分けできる．**配置換え**は，文成分を文中で配列する**配語順**の原則から逸脱して配置することを意味し，配置換えを行ったために構文の中断が生じることはない．これに反して，配置換え以外の配列のあや－後置，再録，挿入，構文の切替り－では構文の中断が生じる．なお，中断は中絶とは異なる．中絶では構文は途中で放棄され，残りは続かないが，中断では，文が中断されるだけで，残りは中断ののちに再び続けられる．

　配語順にはきまりがあり，文法の統語論はこれらのきまりを研究する分野である．これらのきまりそのものが文体的な手段になることもあれば，これらのきまりからの逸脱が文体的な手段になることもある．ドイツ語は現在も格の組織を保持しているから，名詞は一般に冠詞類のたすけをかりて自らの格を外形で示すことができる．そのため，名詞は文中のどんな位置にあっても格を明示でき，したがって文成分としてのはたらきもあいまいにならない．格の組織を持たないか，あるいは失ってしまった言語に比べると，主語も目的語も状況語も，文のタイプに応じて自由に位置を変えることができる．ドイツ語は配語順がかなり自由であると言われるのはそのせいである．

E. Drach (*Grundgedanken der deutschen Satzlehre*) は，平叙文の定動詞よりも前の部分を前域 Vorfeld と呼んだ (→1.1.4.: Stellungsfeld)．前域に主語が位置するのは，平調の平叙文に限られ，送り手が目的語や副詞的要素の概念なり思考なりをとくに強調したければ，それらは前域に置かれる．

(119) *Als Herr Boras um halb elf Uhr vormittags ins Erdgeschoß seines Hauses hinabstieg*, kam er sich federleicht vor und verspürte unbändige Lachlust. *Am Abend vorher* hatte er mit einem Freunde tüchtig getrunken, zuerst Wein, dann Schnaps, dann Bier, dann alles durcheinander. (Erzähler, 195) (Boras 氏が午前10時半に家の一階へ下りてきたとき，自分が羽根のように軽く思われた．そして止めどなく笑いたい気持ちがした．昨晩，彼は友人としたたか飲んだのだった．ワインから始めて次はシュナップスを，そしてビールを，果ては何でも手当たり次第に)

前域はまた先行する文とのつなぎとなる要素が位置する場所でもある．上の例でも，第二の文の文頭の Am Abend vorher「昨晩」は，Boras 氏が朝寝して遅くに階下へ下りてきたことを受けて文頭に置かれている．つなぎの要素が前域に位置する場合は，主語は定動詞よりも後に置かれる．

意味の上で重要な文成分を強調して前域に置いたために枠構造の中域 (→ 1.1.4. Stellungsfeld) が空になってしまうことすら起こる．

(120) Kläglich fügte sie hinzu : „Aber zu essen habe ich nichts im Haus. *Eingekauft hat* doch immer er. Ich verstehe davon nichts." (彼女はみじめったらしく付け足した．「でも，家んなかには何も食べるものがないの．買出しに行っていたのはいつもあの人だったのでね．私は買い物のことはさっぱり分からないものだから」)

対照をはっきりさせるために，対照したい文成分を前域に置くこともある．

(121) *Nicht auf dem Markt* gibt es alles, womit der Mensch seinen Stoffwechsel im Gange hält, sondern auf ihm, *unter ihm*, in der Markthalle unter ihm. (人間が新陳代謝を保つのに必要とする一切のものが，なにもかも市場にあるというわけではない．市場にもあれば，階下にもある．彼の住む建物の階下のマーケットにも売っている)

2格名詞を被付加語である名詞の前に置く習慣はもはや廃ってしまい，今

10.2. 文　　体

日では，*Goethes* Werke（ゲーテの作品）のように，固有名詞の2格形が被付加語である名詞の前に置かれるにすぎない．固有名詞以外の名詞の2格をこのように被付加語である名詞の前に置くと，古風な印象を与える．そのため，今日では好んで使われるのは詩の分野に限られる．

(122) Tief mündete *des Traumes* Schacht. /Ich sah hinab wie durch ein Rohr : / ...　（深々と夢のたて穴が口を開けていた．/私は葦の穴から覗くように覗いてみた/…）

今日，被付加語である名詞に先置される2格名詞以上に稀なのは付加語形容詞を被付加語である名詞の後ろに置く配置である．

(123) Röslein *rot*　（赤いかわいいバラ）

(124) bei einem Wirte *wundermild*　（すばらしく穏やかな亭主のところで）

のように無変化の付加語形容詞を名詞に後置することは，中世のドイツ語では付加語形容詞の先置と同じくらい普通のことだった．とくに名詞に格変化した付加語形容詞が先置されているような場合は，二つ目の付加語形容詞は無変化のまま後置された．

(125) ein küener ritter *guot*　（勇敢にして有能なる騎士）

このような後置の付加語形容詞は，民謡や慣用句に残っているだけであったが，古典主義とロマン主義の時代に再び愛用された．しかし，現代でも広告などには付加語形容詞の後置が見受けられるし，文学作品にも，コンマで区切って付加語形容詞を後置している例が散見される．

(126) DECORO bruchfest, farbkräftig, wasserfest　（DECORO　強靱，耐色，耐水）

(127) Stimmen, laut, über dem Kürbisfeld　（カボチャ畠の上に響きわたる高き声）

(128) Die Gräber, schneeverpackt, schnürt niemand auf.　（雪で覆われし墓，暴く者もなく）

後置された付加語形容詞のバリエーションとでも言うべきなのは，後置付加語形容詞の前に冠詞が置かれていて，一見したところ同格名詞と見まちがう形式である．これも古典主義の時代に愛用された．

(129) Ach, die Gattin ist's, *die teuere* . . . . in die schwarze Schlucht, *die kalte, sonnenlose.*　（ああ，かけがえのない奥方様は…陽もささぬ冷

たく暗き谷間へと）

2格名詞の付加語を被付加語の前に置くのは擬古的な印象をもたらす．

(130) Der Leibhusar bat wegen seines Versehens um Verzeihung, stellte sich aber geradewegs vor *des Königs* großen Spiegel, der im Zimmer war,... （近衛兵は自分の過ちを王に詫びたが，すぐさま部屋に掛かっていた王の大きな鏡の前に立った，そして…）

相関的な接続詞で結ばれている二つの文成分のあいだに別の文成分が入り込む**開脚配置** Spreizstellung も配置換えに加えることができよう．下の例では動詞 mißleiten の目的語の Sie が oder で結ばれた Aufrichtigkeit oder Leidenschaft の間へ入り込んだ．

(131) und wehe, wenn/Aufrichtigkeit *Sie* oder Leidenschaft/Mißleiten... （悲しいかな，もしも誠実さが，あるいは情熱があなたを誤った方向に導くことがあるなら）

構文の中断 Konstruktionsbruch は日常会話で送り手の興奮や不慣れなどによってしばしば起こるが，だからと言って話し言葉特有の現象ではなく，書き言葉にも起こる．書き言葉における構文の中断は，文体上の失敗の場合もあるけれども，文体的手段として評価されることもある．文体的手段としての構文の中断は後置，再録，挿入，構文の切替りの4種に分けられる．

ドイツ語の文構造の特徴の一つは，定動詞とその関連要素あるいは補足語とで枠構造 Satzklammer/Rahmenbau（→1.1.4.）を作ることである．Mark Twain がドイツ語の枠構造を皮肉ったことはよく知られている．枠構造が作られると，受け手は枠が閉じられるまで文の意味を完全には理解できないので，枠が閉じられるまで受け手の緊張が続く．**枠外配置** Ausrahmung/Ausklammerung はこの緊張を緩和しようとする工夫の一つである（→10.1.4.8.）．とりわけ話し言葉では，緊張を緩和する目的で枠外配置が行われる．ここでは，文法的に認められている枠外配置（→1.1.4.Stellungsfeld）以外の枠外配置を一括して**後置**に含める．作家が枠外配置を行うのは，必ずしも把握を容易にしようとする工夫のためばかりではない．枠構造からはみ出されて枠外に配置された文成分は，枠外に配置されることによって際立つ．あるいは，追加情報として受け手に強い印象を残す．

(132) *Durch das Fenster der Speisekammer* sahen sie ihn durch die Straße heraufkommen. *Es* war dasselbe Fenster, durch das sie

10.2. 文　　体

vorgestern abend die Reiter gesehen hatten, *den Apfelschimmel und die Dame im Frack unter den wispernden Bäumen.* (Erzähler, 7) （貯蔵室の窓から彼らは男が通りを登って来るのを見た．それは，彼らがおとといの夕方馬にまたがった男たちを眺めたのと同じ窓だった．男たちばかりか連銭葦毛の馬と燕尾服を着たレディが風にそよぐ樹の下を通り過ぎるのを）

(133) *An einem frühen Morgen, lange vor dem Hahnenschrei/ Wurde ich geweckt durch ein Pfeifen.* （朝の早く，まだまだ鶏も鳴かないうちに/私は起こされた．口笛で）

追加は，枠外配置に比べると，文法的にも，意味的にも，イントネーションの点からも，先行する文との結びつきが弱い．そのため，書かれた場合はコンマで区切られることが多い．

(134) Nun griff Martin nach ihm, *mit der gleichen gierigen … Geste, mit der er sonst nach der Spritze langte.* （すると Martin は彼の方へ手をのばしてきた．いつも注射をせがむときと同じ物欲しげな身振りで）

後置された文要素が完全に文から孤立していて，独立の省略文になってしまっている場合は**孤立化**と呼ばれる．

(135) Nimm das Bild vom Tisch, und hänge es vor dich an deine Wand. *Damit du es siehst. Gedenkzeichen, Warnzeichen, beides.* （その絵をテーブルなんかに置いておかないで，おまえの正面の壁に掛けるんだ．ようく見えるように．記念と警告の両方だ）

再録 Wiederaufnahme の最も一般的な形式は，先行する文の文成分を後続する文で代名詞あるいは指示的副詞で受けなおすことであるが（→10.1.1.1.），ここでは同一の文の内部で先行する文成分をかさねて受け直すことを指す．

(136) *Einem reichen Mann, dem* wurde seine Frau krank. （お金もちの男の人，その人のおかみさんが病気になりました）

では，先行する文成分 einem reichen Mann を指示代名詞 dem が受け直しているが，先行する文成分と受け直す文要素のあいだには格に関する文法的な一致が認められる．

(137) *In einem kühlen Grunde, /da* geht ein Mühlenrad. （すずしき

　　　　たにまに/めぐる　すいしゃ．原　俊彦訳）

では，指示的副詞 da が先行する副詞的文成分 in einem kühlen Grunde を受け直している．

　先に代名詞が来て，後から名詞が現れる配列もありうる（→1.1.2.3.）．

(138) Ich könnte *sie* stundenlang schildern, *diese eine Stunde.* （私にそれを言葉で描写させたら何時間かかるかわからない．あのたったの1時間を）

　同格名詞は，本来は先行する名詞を説明する目的で後置されるもので，先行する名詞と格も数も一致するのが原則であるから，同格名詞を置くこと自体は文の中断には入らない．また，先行する文の文成分を代名詞あるいは指示的副詞で受けなおしているわけでもないから，再録に数えることはできない．しかし，本来は先行する名詞を説明する目的で後置されたと思われる名詞であっても，先行する名詞と格も数も一致するという原則から外れると，文の中断の一種になってしまう．

(139) Goethe reiste nach *Italien,* damals wie heute *das Land* der Sehsucht aller Künstler und Dichter. （Goethe はイタリアへ旅した．当時も今もすべての芸術家と 詩人のあこがれの国）

　同格名詞なら先行する名詞と格も数も一致するのに反して，先行する名詞のあとに挿入された語句は文法的な一致や意味的な一致を守っていない．それは，たいていの場合，先行する名詞からの連想で挿入されたからである．

　別の中断のタイプは，文成分を文の末尾に追加的に加えるか，文成分を独立させて，先行する文のあとに続ける形式である．こうした形式は，日常の話し言葉ではしきりに観察できるが，文学テクストや広告テクストにも実例は事欠かない．

(140) Er versuchte zu lächeln, sein altes, schwermütiges, resigniertes Lächeln. （彼は微笑もうとした．あの昔からの，物悲しげな，あきらめきった微笑）

(141) Er (der Klingelzug: Verfasser) hing dort und funkelte matt, *ein Stück,* wie es nur noch bei Antiquaren zu treffen ist, perlengestickt und mit gläsernem, birnförmig geschliffenem Knauf als Griff. (Erzähler, 118) （呼び鈴を引くひもはそこに垂れ下がって鈍く光っていた．今日では骨董屋でしかお目にかからない代物だ．

10.2. 文　　　体

真珠のビーズで刺繍したひもで，西洋梨の形をしたガラスの握りがついていた）

(142) Wir bauen *Autos. Autos* mit Luft- und Wasserkühlung. Mit Heck- und Frontmotor. *Autos* der verschiedenen technischen Konzeptionen. （当社はクルマを作っています．空冷式エンジンのクルマも水冷式エンジンのクルマも．リヤエンジンのクルマもフロントエンジンのクルマも．さまざまな技術コンセプトのクルマを）

挿入 Parenthese はひろく使われる文体手段である．

(143) Freilich wäre er gerne ein wenig hin und her gerutscht－*»tschundern« nannte man das*－, aber er hatte ja zu suchen und mußte schritteweise vorgehen. （もちろん彼はそこでしばらくの間，あちこちと滑ってみたいのは－彼の地方では「ツルツル遊び」と言っていたが－やまやまだったが，なにしろ彼には落とし物探しの責任があったので，そろそろ歩きで進んで行くのを止めることはできなかった）

(144) „Was?" sagte er, „ich rette dir *das Leben*－*das Leben, meine liebe Ruth!*－und du sagst ... Das ist gut, das ist wirklich gut." （「何だって」と彼は言った．「俺はおまえの命を救ってるんだよ－命をさ，Ruth．－だのに，それをおまえは…，いや，いいんだ．ほんとうにいいんだ」）

(145) *Ottilie ward einen Augenblick*－*wie soll man's nennen*－verdrießlich, ungehalten, betroffen. （Ottilie は一瞬－どう言ったらいいのか－不機嫌なような，腹を立てたような，うろたえたような顔をした）

構文の切替りは**破格構文** Anakoluth/Satzbruch とも呼ばれる．すなわち，ある構文で始められた文が途中で別の構文に移行するからである．話し言葉に典型的な現象で，一概に「誤り」だとは言えない．下の例では，送り手は daß で始まる副文を4格目的語を先に出し主語は後にする構文で始めたが，息を継いだとたんに，副文であることすら忘れて，定動詞正置で文を始めてしまった．

(146) „. . . zwar meine er, daß letzten Halt nur habe, was dem Druck nicht nur von Jahrzehnten, sondern von Jahrtausenden ausgesetzt

gewesen sei, aber schließlich—*der Mensch sei nun einmal kein Stein und die menschliche Ordnung nicht steinern.*" (H. Kant, *Die Aula*, zitiert von Fleischer/Michel,188) (「なるほど彼は，何十年はおろか何千年も圧力にさらされてきたものだけが最後の支えになるとは言ってるがね，だけど，結局，言ってるよ，人間というものはとにかく石じゃない，人間の秩序は石ほど固くはないって」)

再録の形に似ているが，先行する文成分と受け直す文要素のあいだに文法的な一致が認められない場合は破格構文と考えるべきである．

(147) „*Dieser Kerl, dem werde ich es schon zeigen!*" （あの野郎，奴にきっと目にものを見せてやるぞ）

この例では，主語のつもりで始めた一格の名詞 dieser Kerl「あの野郎」を，途中から3格目的語に変更している．この場合は，送り手が論理的ないしは意味的な脈絡に十分注意を払わなかったために起こったのであるが，広告などではわざと失敗を犯して，見る人の注意を惹こうとする場合がある．

(148) Johannesburg ist 1015 DM entfernt. （ヨハネスブルクまで1015マルク離れています）

という航空会社の広告は，明らかにヨハネスブルクまでの運賃を広告しようとしている．

10.2.5. 文体特徴

10.2.5.1. 文体特徴の本質

一つのテクストの特徴を記述するには，そのテクストに現れる文体要素と文体のあやを数え上げただけではまだ十分ではない．テクストの文体は文体要素と文体のあやの総計につきるわけではないからである．むしろテクストの**文体特徴** Stilmerkmale/Stilzüge は，一つ一つの文体要素の特徴ではなくて，それらが互いに関係しあって，また，互いに「協力」して生み出すものであって，文体特徴は種々の言語手段が結びついて出来上がった結果である．それゆえ文体特徴を個々の言語手段に帰そうとしても不可能である．文体特徴は，思考内容を言葉で言い表した結果であるテクストを全体として眺めたときに，形成の仕方に見出される特徴のことである．そしてそれは，筆者が受け手に特定の印象価値を伝えようとして特定の文体手段を選び出した結果

10.2. 文　　体

であるという意味では，テクスト形成に関係しているというよりは，むしろ受け手における印象効果により深く関っている．例えば，役所が差出人である手紙は，読み手に形式主義・即物主義・経済主義などの印象を与える．

　文体特徴の一例は，テクストの形成の仕方が「短い」か「長い」かという違いである．もっとも，「短い」あるいは「長い」は相対的な概念であって，実際には多くの中間段階が存在するが，ともあれ，テクストの「短い」と「長い」の違いは，次のような文体要素が共にはたらくことによって作り出される．

「短さ」に関わる文体要素	「長さ」に関わる文体要素
略語の使用：STPO	完全な形で書く： Strafprozeßordnung
合成名詞の使用： Versorgungsreformgesetz	分析的な語群による表現：Gesetz für die Reform der Versorgung
専門語（→10.2.7.2.2.）の使用：Pleonasmus	日常語による言い換え： Häufung sinngleicher od. sinnähnlicher Wörter
動詞文体（10.2.8.2.3.）による表現：entscheiden	名詞文体（→10.2.8.2.3.）による表現：zur Entscheidung bringen
文成分への圧縮： Ich erwarte deinen Besuch.	副文への拡大：Ich erwarte, dass du mich besuchst.
省略文の使用： 40000 Erdbeben-Tote in der Türkei befürchtet	完全文の使用： Es ist befürchtet, dass 40000 in der Türkei durch das Erdbeben tot sind.

　テクストの形成の仕方が「短い」か「長い」かという違いは，同じ情報を伝えるのに簡潔に表現するか，それとも詳細に表現するかという違いに関係している．しかし，「短い」から情報価値が低いとか，「長い」から情報価値が高いと考えるのは誤りである．テクストの長短はテクストの評価とは無関係である．すなわち，「簡潔に表現する」とは必ずしも情報量を減らすことを意味しないし，「詳細に表現する」と言ってもそれは必ずしも情報の内容が豊富であることを意味しないからである．現実には，内容的に詳細な記述が簡潔にまとめられているテクストがあるし，逆に，言葉を長々と費やしながら内容はまったく細部には及んでいないテクストもある．テクストがこのどちらの形態をとるかは，テクストに与えられたコミュニケーションの課題にか

かっている．例えば，辞典のテクストは，情報を内容的にはできるだけ詳しく，しかし，言語的にはできるだけ簡潔に述べなければならない．一方，学校教科書のテクストは，学年にあわせて，情報を適度の詳しさにとどめながら，なおかつ言葉は潤沢に費やして述べなければならない．

　似たようなことは，「具象的・具体的」か「概念的・抽象的」かという文体特徴にもあてはまる．例えば，ある事柄が読者にとって未知であって，読者をその事柄へと導入し理解させなければならない場合，テクストの筆者は言葉を尽くしながら，ところどころにかなり具体的な例を入れて，なるべく具象的に述べようとする．場合によっては比喩さえも用いる．ところが，このようにして述べたテクストを要約する場合には，細部の記述は大方省かれてしまい，普遍的な事柄だけが取り上げられる．この違いは文体の違いではない．コミュニケーションの仕方の違いである．辞典のテクストを書くことと学校教科書のテクストを書くこととでは，内容を伝えるために行われる精神的・言語的な操作が互いに異なるのである．その違いを認めたうえでなら，言葉を使った言い表し方のいろいろなバリエーションについて優劣を云々することはできる．文体の問題はそこではじめて起こってくる．

　コミュニケーションの仕方の違いをはっきりと認識することがどれくらい大切であるかは，この事例一つ取ってみても明らかであろう．コミュニケーションの仕方が違えば，すでに文案を考えるときの方針が違ってくる．話し手あるいは書き手は，自分に与えられた課題を分析して，コミュニケーションの目標を設定し，コミュニケーションの意図をはっきりさせる．そのうえで，コミュニケーションの因子と条件を考えに入れながら，素材を聞き手あるいは読み手が抵抗なく受け入れられるようなコミュニケーションの仕方を選ばなければならない．それは同時に，コミュニケーションの意図にあわせて素材をふるいにかけることと，提示の順序を決めることを意味している．

　「具象的・具体的」か「概念的・抽象的」かという文体特徴の問題を，実例で検討しよう．二つの例文は同一の天文の教科書から取られた．

(149) Alle Sterne sind selbstleuchtende Gaskugeln hoher Temperatur. Viele von ihnen sind wahrscheinlich von Planeten umgeben wie unsere Sonne. /Eine wesentliche Vorarbeit für die Untersuchung des physikalischen Zustandes eines Sternes besteht darin, seine Entfernung zu ermitteln. Da eine direkte Messung unmöglich ist,

10.2. 文　　体

verwendet man für relativ nahe Sterne ein Verfahren, das als Triangulation auch bei Vermessungsarbeiten auf der Erde angewendet wird. /In der Astronomie dient als Basisstrecke die Entfernung Erde-Sonne. Beobachtet man den zu untersuchenden Stern von zwei gegenüberliegenden Stellen der Erdbahn aus (z.B. im Frühjahr und im Herbst), so sind die Blickrichtungen nicht parallel, sondern schließen einen kleinen Winkel ein. Halbiert man ihn, so erhält man die Parallaxe p des Sternes. (Enzyklopädie, 479) （星はすべて，自ら光を放つ，高温のガスの球体である．それらの多くは，太陽とおなじく，おそらく惑星にとり囲まれているであろう．/星の物理的な状態を研究するのに大切な準備作業に，地球からの距離を測ることがある．直接に測ることはできないので，地球から遠くない星の場合は，地球上で測量する場合に用いられる三角測量の方法を用いる．/ただし，天文学の場合は，基礎となる距離として地球と太陽の距離を利用する．研究しようとする星を地球の軌道の二つの対照的な点（例えば，春と秋）から観察すると，見上げた視線は平行にはならずに，ある角度をもって交わる．この角度を二等分すると，その星の視差 p が得られる）

(150) Zusammenfassung. Sterne sind selbstleuchtende Gaskugeln. Ihre Entfernungen bestimmt man entweder auf trigonometrische Wege durch die Beobachtung ihrer Parallaxen [oder phonometrisch durch Vergleichen ihrer scheinbaren und absoluten Helligkeiten]. (Enzyklopädie, 480) （要約．星とは自ら光を放つガスの球体である．地球からの距離を得るには，三角測量法を用いてその視差を観察する[か，それとも，計量音声学によってその外見的輝度と絶対的輝度を比較する]）

例 (149) は，コミュニケーションの仕方が説明的であるので，具象性が高く，かつ，具体的である．一方，例 (150) は，コミュニケーションの仕方が要約的であるので，抽象性が高く，かつ，概念的である．

このように，コミュニケーションの仕方が決まると，文体的な可能性の方向がほぼ決まってくる．しかし，方向がほぼ決まるからと言って，それは文体的な可能性がたった一つにしぼられてしまうことを意味するわけではな

い．コミュニケーションの仕方を変えないで，いろいろな文体的なバリエーションを試みることは無論可能である．

　文体特徴とは何かという問いに答えるとしたら，結局，この節の冒頭の定義に戻ってしまう．すなわち**文体特徴**とは，テクスト作成の根底にあるコミュニケーション計画の枠，つまりコミュニケーション意図を最大限に実現しようとする構想の枠を越えないように配慮しながら，多々ある言語表現のバリエーションを駆使してテクストを作り上げる際の，形成上の特徴以外の何物でもない．

　テクストの文体特徴を把握するには，二つの観点がある．一つは量的・構造的観点である．この観点のもとでは，もっぱらテクスト全体のなかに含まれる文体要素の頻度と分布と組み合わせに焦点が当てられる．もう一つは質的・機能的観点である．この観点のもとでは，テクスト全体のなかに含まれる文体要素の意味と使われ方が注目される．

　後者の観点に立ってテクストを分析する際に中心的な役割を果たすのは，**共示的・意味的等価表現** konnotativ-semantische Äquivalenz である．

(151) Im allgemeinen werden die Bewohner Göttingens eingeteilt in Studenten, Professoren, Philister und Vieh, welche vier Stände doch nichts weniger als streng geschieden sind. Der Viehstand ist der bedeutendste. Die Namen aller Studenten und aller ordentlichen und unordentlichen Professoren hier herzuzählen, wäre zu weitläufig; auch sind mir in diesem Augenblick nicht alle Studentennamen im Gedächtnisse, und unter den Professoren sind manche, die noch gar keinen Namen haben. Die Zahl der Göttinger Philister muß sehr groß sein, wie Sand, oder besser gesagt, wie Kot am Meer; wahrlich, wenn ich sie des Morgens, mit ihren schmutzigen Gesichtern und weißen Rechnungen vor den Pforten des akademischen Gerichtes aufgepflanzt sah, so mochte ich kaum begreifen, wie Gott nur so viele Lumpenpack erschaffen konnte. (H.Heine, 6f.) (Göttingen の住人は一般に学生と，教授と，俗物と，家畜に分けられる．けれども，これら四つの身分は少しも厳格に分けられていない．家畜の身分がいちばん幅をきかせている．すべての学生の名前と，教授の名に値するすべ

ての教授とその名に値しないすべての教授の名前をここに挙げようとしても，膨大すぎる．学生の名前も今の今すべて私の頭の中にあるわけではない．それに，教授のなかにはまだ名前がない者もかなりいる．Göttingen の俗物の数にいたっては，砂粒の数ほど，いやもっと適切には，海辺の泥の数ほど多いにちがいない．実際，私が朝，汚い顔をした，何も書いてない計算書を手にした彼らが大学裁判所の小門の前に立ちはだかっているのを見ると，私は，どうして神様がこうも大勢のならずものたちをお造りになることができたのか，ほとんど理解に苦しむ）

このテクスト例に見られる共示的・意味的等価表現は，次の二種である．
（１） 貶称的な意味的等価表現：Philister 俗物, Vieh 家畜, unordentliche Professoren その名に値しない教授, Kot 泥, schmutzige Gesichter 汚い顔, Lumpenpack ならずもの）
（２） 対立的・滑稽的な意味的等価表現：Studenten, Professoren, Philister und Vieh als vier Stände 学生，教授，俗物，家畜という四つの身分，der Viehstand als der bedeutendste いちばん幅をきかせている身分としての家畜，など．

これら二種の意味的等価表現をさらに抽象すると，「風刺的」という標識が得られる．「風刺的」とは，コミカルであることの特殊な形態である．「風刺的」は，このテクストの内容に関わる特徴を言い当てているだけでなく，このテクストの言語的形成様式の特徴－つまり文体的特徴－を言い当てている．

さきに見た「短い」，「長い」，「具象的・具体的」，「抽象的・概念的」という文体特徴も，「風刺的」と同じように，質的・機能的な観点から把握された文体特徴である．ほかにも，「ゆったりとした」あるいは「引き締まった」，「打ち解けた」あるいは「個人的感情をまじえない［＝事務的な］」などの文体特徴が考えられる．

10.2.5.2. 文体特徴の分類

文体特徴を分類するときにも，量的・構造的観点と質的・機能的な観点を使うことができる．

10.2.5.2.1. 量的・構造的観点

文体特徴を量的・構造的観点から分類するときは，テクストにどのような特定の言語手段が頻繁に，あるいは集中して現れるかということが観察の基準になる．例えば，

言語手段の例	文体特徴の例
1) 品詞	動詞文体/名詞文体（→10.2.8.2.3.）
2) 文の形式	重文/複合文 双対文（Periode）
3) 文の接続	接続詞使用/接続詞省略/接続詞畳用 並列的/相反的/因果的/…
4) 文体のあや	具象的 隠喩的/換喩的 擬人法的/寓意的/比喩的 婉曲的
5) 文体層	中立的/格調高い/ぞんざい 見くびった/気取った/嘲笑的/打ち解けた/…
6) 語彙	外来語多用 擬古的/時代錯誤的 専門語多用/集団語多用

10.2.5.2.2. 質的・機能的な観点

文体特徴を質的・機能的な観点から分類するときは，テクストのなかで特定の表現手段がどのような認知的・コミュニケーション的機能を期待して選択されたかを基準にする．例えば，

表現手段の例	文体特徴の例
1) 余剰の程度	ゆとりがある/圧縮された 簡潔/冗長/回りくどい
2) 論理的脈絡の明示度	論理的に厳密な結合/論理的にルーズな組立 明晰/あいまい

3)	使われた言語手段の真実度	真実にふさわしい/真実を支援する扇動的/世論操作的/偽善的
4)	道徳的な質の度合い	党派的/開放的/正直/勇敢/…
5)	受け手との関係の度合い	説得的/干渉的/感銘的/儀礼的/非強制的/…
6)	具象性の度合い	絵画的/具体的/具象的/抽象的/…
7)	情緒性の度合い	事柄本位/体験本意,冷静/熱情的,叙情的/賛歌的,…
8)	力動性の度合い	動的/静的,変動的/恒常的/単調…
9)	複雑度	素朴/単純/自然,難解/平板,複雑/わざとらしい/…

10.2.5.3. 文体原理

書き手が文体を形成する際に自分に課する原則ないしは目標理念は**文体原理** Stilprinzipien と呼ばれる.書き手が文体原理としているものは,読み手から見れば文体特徴であるとも言うことができる.例えば,役所が差出人である手紙が読み手に形式主義・即物主義・経済主義などの印象を与えたとすると,それはテクストの文体特徴のせいである.その意味では,文体原理は文体特徴とよく似たカテゴリーであるが,文体特徴がテクストの部分にも関わることがあるのに対して,文体原理はテクスト全体に関わるカテゴリーであるという点で異なっている.

例えば W.Sanders は,文体原理として,適切さ,明晰さ,明確さ,完全さ,分かり易さ,一目瞭然性,こなれ易さ,正確さ,客観性,自然さ,簡潔さ,中庸性,経済性,具象性,活性度を挙げているが,これらは一つの理想から導き出されたものではない.したがって,これらの文体原理相互のあいだには関連性はなく,互いに矛盾することすらありうる.しかも,文体を形成する際の目標理念は書き手によって異なるし,実際,文体に関して唯一の目標理念があるわけではないから,現実に文体が書き手によって異なるのは,文体形成の指針となる文体原理が異なるからであると言ってよい.また,特定のテクストの種類(→10.1.1.5.)においては,文体規則が文体原理として通用する場合もある.例えば,電報の電文の場合.なお,テクストの種類とは,

テクストがコミュニケーション状況に応じて特有の型を備えていることを表すテクスト言語学の術語である．

10.2.6. 文体的色彩

　文体的色彩 Stilfärbung は文体特徴に似かよった概念である．ただ，文体特徴がテクスト全体，あるはかなり長いテクスト部分が受け手に与える印象を表す概念であるのに対して，文体的色彩という概念はテクスト全体やかなり長いテクスト部分のみならず，もっと短いテクスト部分や文や語句や単語にさえも関係している．なぜなら，文体的色彩とはある表現があとから追加されて持っている特定の共示的な意味のことだからである．

　ある表現にあとから追加された共示的な意味は二種類に分けられる．一つは機能的な共示的意味である．これは，ある語や語句が特定の機能を負わされて成立し使われていることから生じた．例えば，Inanspruchnahme「(機材などの過度の) 使用・利用」/「(権利・時間・注意・厚意などの) 多用」は，行政や司法の分野で作られた．もう一つは，意味的・表現的な共示的意味である．指示対象が同一であっても，所属する文体層が互いに異なる同義語は，意味的・表現的な共示的意味の相違のために所属層が異なっている．例えば，Gesicht も Antlitz もともに「顔」を意味するけれども，Gesicht が並の文体層に属するのに反して，Antlitz は高尚な文体層に属する．

　これらの追加的な共示的意味を持つ表現は，テクストのなかで文体的色彩を持たない残りの表現から際だつ．そして，例えば，粗野であるとか，格調が高いとか，お役所的であるとか，ぞんざいであるとか，あるいはコマーシャル的であるとか，その他もろもろの印象を与える．

　そのような印象は，追加的な共示的意味を持つ表現がテクストに頻繁に出現してはじめて与えることができるわけであるから，その意味では，文体的色彩といえども，文体特徴とおなじように，テクスト全体，あるいはかなり長いテクスト部分に関わっていると言うことができる．

　意味的・表現的な共示的意味は細かく分けられることがある．例えば，*Wörterbuch der deutschen Gegenwartssprache* (8., bearbeitete Aufl. 1977) は11種の文体的色彩を想定している (例は他からも借りた)．それらは，

　1) 諧謔的な文体的色彩：例えば，im Adamskostüm「アダムのコスチュ

10.2. 文　　体

ームで」(裸で)
2) 打ち解けた文体的色彩：例えば，呼びかけで Alterchen「おじちゃん」
3) 婉曲的な文体的色彩：例えば，eine vollschlanke Dame「ふっくらとした御婦人」（＝太った女性）
4) 擬古趣味の文体的色彩：例えば，weil「…ので」の代わりに alldieweil「…なるが故に」，Bahnsteig「プラットホーム」と言わずに Perron．
5) 仰々しい文体的色彩：例えば，wir beehren uns, geziehmend darauf hinzuweisen「以下につき謹んでしかるべく御指摘申し上げます」，Beinkleid「脚部のドレス」（ズボン Hose のこと）
6) 無味乾燥でいたずらに難解な文体的色彩：例えば，官庁用語の持って回った言い回し．Unterzeichneter sieht sich genötigt, aktenkundig ...「署名者は書面に より…することを必要とされている」（＝申請者は書面で…しなければならない），ein Gesuch abschlägig bescheiden「申請を拒絶的に回答する」（＝申請を却下する）
7) 誇張した文体的色彩：例えば次のようなティーンエイジャーの表現．furchtbar aufregend（すごく刺激的な），sie ist abscheulich reich（彼女はいやと言うほど金がある）
8) 軽蔑的な文体的色彩：例えば，Abhub der Menschheit（人間のくず）
9) 嘲弄的な文体的色彩：しばしば皮肉を込めて批判的に，例えば，alleinseligmachend「我ひとりが正しげに」，mit strenger Amtsmiene「いかめしい役人面で」
10) ののしり言葉の文体的色彩：例えば，du, Gauner「この悪党め」，Aas「奴」
11) 野卑な文体的色彩：例えば，abkratzen「くたばる」

　文体的色彩の概念は文体特徴の概念に非常に近いが，文体特徴が比較的長いテキストやテキスト部分に一貫して関わっているのに反して，文体色彩は比較的小さい単位である文や単語に関係している．階層や素性に依存する使い方のために．あるいは，ただ頻繁に使われるために，文や単語に含意的意味が付加される現象を指す．もっとも，単語やテキスト部分が含意的意味のせいで際だつことは往々にして起こるが，それだけでは文体色彩があるとは言わない．含意的意味がテキスト全体を，あるいはせいぜい部分テキスト全体にわたって顕著に認められるような場合に限って文体色彩があると言う．

10.2.7. 文体タイプ

　異なる個人の文体が，個人差を越えて，共通する文体様式上の特徴を示すとき，そこには共通する**文体タイプ** Stiltypen が見出されると言う．その限りでは，文体タイプは個々の文体を分析した結果はじめて突き止められるはずであるが，逆に，個人が前もって特定の文体のタイプを意識して自分の文体をそれに合わせて形成することもありうる．

　社会におけるさまざまな活動領域で使われるテクストに共通して特有の文体的特徴や文体構成の原理が認められるとき，それらの特徴や原理を総称して**機能文体** Funktionalstil/Funktionsstil 呼ぶ．社会における活動領域をいくつに分けるかに応じて，機能文体の数も変わる．機能文体は，社会における活動領域の数だけ認められるという意味で**領域文体** Bereichsstil とも呼ばれる．

　超個人的な現象である機能文体と対極をなすのが**個人文体** Individualstil/Ideolekt である．個人文体とは各個人に特有の言語表現様式を言う．個人的な特有性は，個人的な言語活動の領域である手紙や日記や日常会話にとどまっていないで，いろいろなきっかけに，すべてのコミュニケーション領域に姿を現す．とはいえ，どの領域にもおなじ程度に姿を現すのではなくて，領域によってその程度は異なる．通例，学問的な叙述に個人的な特有性が姿を現すことはあまりなく，逆に，芸術の分野では個人的な特有性が全面的に認められる．

　注意すべきは，本来個人的な言語活動の領域である手紙や日記や日常会話に超個人的に普遍的な文体的特徴が認められる場合があることである．例えば，手紙の始め方や終わり方などはそうである．詩作はまったく個人的な言語活動であるにもかかわらず，伝統やジャンルや流行などの影響を受けて，超個人的に普遍的な文体的特徴を示すことがある．

　テクストはそれが成立した時期 Epoche や時代 Zeit の制約を受けた文体的要素を含んでいる．**エポックの文体** Epochenstil とか**時代の文体** Zeitstil という名称はこの事実を指して付けられた名称である．ただ，「エポックの文体」と言うときは，どちらかと言えば，文学史の特定のエポックに属する作品あるいは作家に共通する文体的な特徴を指す(例えば，ローマン派の文体)．

10.2. 文　　体

それに対して，「時代の文体」は特定の時代に普遍的に認められる文体上の現象を言う（例えば，19世紀初頭の文体）．

個人の送り手の文体にこのように時代の制約を受けた要素が入り込むのは，送り手に特定の文体的意図があったからではなくて，多かれ少なかれ無意識に送り手が生きていた時代・時期に通用していた手近な表現形式を使ったにすぎないのであるが，時とともにそれらの表現形式が使われなくなってしまい，テクストに残ったそれらの表現形式が過ぎ去った時代・時期の特徴を残す目印に感じられるようになったのである．

以下では，特に文体タイプの機能別分類について詳しく述べよう．

社会生活にはさまざまな活動分野があって，それぞれ分野特有の社会的機能を果たしている．そして，特有の社会的機能を果たすためにその機能にふさわしい文体，すなわち機能文体のタイプを作り上げている．それぞれ特有の機能文体のタイプを互いに区別しているのが，10.2.5.で見た文体特徴である．

10.2.7.1.　文体タイプの機能別分類

社会生活におけるさまざまな活動分野にはそれぞれ特有な場面というものがつきものである．そして，その特有の場面は，通例，言語には直接の関わりを持っていない．そこで，言語外的場面という表現を使う．活動分野にそれぞれ特有な言語外的場面は，具体的に眺めれば，細部は互いに異なっており，千差万別である．特有性を数え上げたら，それこそきりがないであろう．しかし，反面，千差万別に見える言語外的場面からも，また，その場面に条件づけられた言語表現様式のバリエーションからも，場面の類型，文体の類型と呼べるような普遍的に共通する要素を抽出することができるものである．それゆえ，ここで言う分類とは，このようなおおまかな類型にまとめた分類である．

おおまかな類型として下の4種を挙げることができる．
1) 公用語文体：社会の公的な場で，あるいは官庁などの各部署相互のあいだで，あるいは企業内部における活動のために使われる文体．
2) 学問的文体：自然科学や社会科学や人文科学の分野で研究の成果を発表・公刊したり，研究成果を普及させたりするために，専門家の立場で使われる文体．

3) ジャーナリズムの文体：新聞・ラジオ・テレビなどのマスコミのために発達させられてきた文体．今日では，マスコミの世界だけにとどまらず，商品広告や政治的プロパガンダにも使われる．

4) 日常の意志疎通のための文体：家族のあいだや，職場の親しい同僚どうしのあいだや，買い物・理髪・肩のこらない集いのような社会生活の場面におけるくつろいだ会話に見られる，非公式的な，形式ばらない言葉遣いの文体．

　これらはあくまでもおおまかな類型，すなわち基本タイプであるから，実際にあてはめるには，書き表される形式に応じてさらに細分化する必要がある．例えば1)の公用語文体は，さらに議事録文体，商業文文体，申込書文体，履歴書文体，公式の祝賀状・挨拶文の文体，指令書の文体などなどに細分化できるし，さらにまた，それらの亜種ならびにバリエーションに再細分化できる．また，実際には二つの類型にまたがったり，二つの類型の特徴が部分的に重なり合ったりすることもある．例えば，ある官職に対してある人物が適しているかどうかを述べる専門家の人物推薦書は，公用語文体の特徴と学問的文体の特徴を兼ね備えている．他方，専門家同士の対話は学問的文体の特徴を帯びていると同時に日常の意志疎通のための文体の特徴をも示すことであろう．同じように，インタビューにはジャーナリズムの文体の特徴とともに日常の意志疎通のための文体の特徴も認められると思われる．

　また，コミュニケーション領域と言うときに，軍隊や法律やコマーシャルの世界などのように，内部の社会的関係と役割分布の独自性，あるいはジャンルとテクストの種類の独自性，コミュニケーションの対象の独自性などから規定を受けて，かなり自立的なコミュニケーション領域を作っている場合があることも考慮しなければならないであろう．

　さらに，専門領域と機能文体が必ずしも一対一の関係にあるわけではないことにも注意したい．つまり，一つの専門領域の内部で上記の(1)から(4)までの類型の機能文体がそれぞれに作り上げられている場合がある．例えば，政治という専門領域を例にとれば，1)政治という専門領域に特有の機能文体として公用語文体が作り上げられているように，2)政治という専門領域に特有の学問的文体が作り上げられており，3)政治という専門領域に特有のジャーナリズムの文体も作り上げられておれば，4)政治という専門領域に特有の日常の意志疎通のための文体も作り上げられている．

10.2. 文　　体

　機能文体は個人の好みや習慣を超越していて，場面と結びついているから，個人はつねに自分が置かれている場面の強制力に従って，例えば，特定の活動の場面や，社会的な場面，社会的な環境など，自分が置かれている場面に応じて，適当な機能文体を選ぶ．コミュニケーションの場面の要請が変われば，個人はそれに応じてまた別の機能文体に切り変える．しかしながら，言葉遣いについての個人の好みと習慣（つまり，文体タイプでいう個人文体とは別の意味の個人文体）は，このこととは無関係に，どんな場面にも顔をのぞかせ，個人が従おうとしている機能文体に個人的色彩を加える．

　文学作品に全体を覆うような一つの独自の機能文体が存在するだろうか．存在するという考えもあるようだが，あらゆるジャンルを見渡して，思いつくありとあらゆる文学作品のことを考えてみると，そこにはありとあらゆる素材が使われているため結果的にありとあらゆる機能文体が認められることになるにちがいないのは，容易に想像がつく．文学作品の場合は，上に見た1)から4)までの機能文体のように，場面に応じた規範に従って言葉を使えばよいわけではないし，文学作品に専用だと決められた言葉もないからである．したがって，上の1)から4)までの機能文体に続く5)として文学の機能文体というものを想定することは，およそ非現実的であると言わなければならない．

　もっとも，文学が独自の芸術領域である以上，文学作品の文体は他の非芸術関係の分野の機能文体とはどこかで一線を画しているという印象もまた否定し去ることはできない．しかしこの一線は，文学作品では「文学的な」あるいは「芸術的な」言葉が使われるというような表面的なレベルに認められるのではなくて，もっともっと根元的なところに見出されると思われる．すなわち，芸術作品としての文学作品のテクストと芸術に関わりのない分野で作られるテクストは，コミュニケーションとして，互いにまったく別の法則性に従って作られることに最大の原因を求めなければならないであろう．

10.2.7.2.　文体タイプの機能別分類とそれぞれの主特徴

　社会の活動領域における実践上の要求が活動に適した言語表現様式を発展させてきた．また，部分的には活動領域の慣習も特定の言語表現様式を発展させてきた．その結果成立したのが機能文体である．上の文体タイプのおおまかな類型が使われている例として挙げた社会的な活動領域は，ほんの中核的な領域にすぎない．中核的な領域のまわりには周辺的な活動領域があって，

隣接する別の中核的な活動領域への橋渡しをしている．

10.2.7.2.1. 公用語文体の主特徴

　支配的な特徴は「公的」であることである．それは，活動の分野，コミュニケーションの対象，コミュニケーションのパートナーなど，どれを取ってみても「公的」であることから来ている．言葉による表現がどことなく肩を張った印象を与えるのは，この「公的」な性格のせいである．

　「公的」という文体特徴は，いろいろな形をとって言葉遣いに現れて，文体要素になっている．きわめて目につくのは，言語手段の用い方や言い表し方がかなり規範化されていて，はなはだしい場合は，標準化されていることである．つまり，「公的」な文体で表現しようとする者は，これらの規範や標準に拘束されることである．例えば，宣誓のテクスト，誓約のテクスト，モットー，挨拶のきまり文句，命令など．しかし，社交的な場での挨拶，乾杯の挨拶，折衝や話し合いなどは，飾りの言葉をちりばめて表現豊かに述べられるので，個人が言葉を選択する余地がかなり残されている．

　それゆえ，公用語文体が使われる分野と言っても，具体的な分野では分野次第で，また，テクストの種類次第で，文体的な規範化の程度はさまざまであると言ってよい．けれども，なんと言っても「公的」な性格が基本になっているから，どんなに個人が言葉を選択する余地が残されていると言っても，私的な要素は排除されるのが常である．あるいは，排除されないまでも，公的な要素に比べてはるかに脇へ押しやられるか，逆に「公的」なレベルにまで引き上げられるかする．

　ただし，だからと言って，公用語文体がすべて血の通わない，儀礼的な，堅苦しい表現方法なのだと考えてはならない．なるほど法律や条例や指示・指令などでは，ich や du，wir や ihr，それに Sie が使われることはない．ここでは主語はつねに**法人格の主語** juristisches Subjekt である．その意味では，これらのテクストに使われる公用語文体は個人的な感情を交えない文体であると言ってもよい．けれども，ある官公庁の長が指令を出す場合に，„Ich weise an, dass..."という「血の通った」表現を使うことは，少しも「公的」な表現の規範に反することではなく，通例であると認められている．また，祝意を表すとき，弔意を述べるとき，その他，相手の立場に立って述べなければならないときなど，たとえ「公的」な表明であっても，書き言葉である

10.2. 文　　体

か話し言葉であるかを問わず，こちらの考えや感情を相手に対する心配りを強調する意味で，普通なら個人的だと受け取られそうな言い方を使うことは許されている．

　官公庁でない社会的な組織の内部で，あるいは組織間で，コミュニケーションする場合や，外部の社会一般とのコミュニケーションをはかるような場合も，公用語文体が使われる．例えば，入会願い，集会における報告，説明報告，定款など．

　「公的」という文体特徴を帯びたテクストでは文体要素としてどのような言語手段が使われるのであろうか．そのような言語手段を書き出した一覧表のようなものがあれば，便利だと思われるが，実はそのような一覧表を書き出すことは無理なのである．第一に，ある言語手段が文体要素になることができるかどうかはテクストの種類によって決まることであるし，第二に，そのテクストの種類が一つだとは決まっていないからである．だから，ここで述べることができるのは，せいぜい，公用語文体が使われる主な活動領域にどれかは必ず認められる言語手段の主だったものを列挙することくらいである．ただし，これらの言語手段がどれくらいしばしば使われるかは，テクストの種類ごとに異なるし，これらの言語手段が互いに結びついて現れることがあるのは言うまでもない．

1) 動詞の名詞化およびそれに伴う特有の統語構造：
   Der Vermieter ist zur Übergabe der Wohnung in einem zum vertragsgemäßigen Gebrauch geeigneten Zustand verpflichtet. (家主は，住居を契約どおりに使用するのに適した状態で引き渡す義務がある)

2) 標準語文体層からの語彙を使う．一部では格調高い文体層の語彙を使う．しばしば，実際は下らない対象を持ち上げて言う：
   Fäkalien（医学用語で「糞便」．普通は Kot「糞」），Straffälliger（形容詞 straffällig の男性名詞化「犯罪を犯した男性」．普通は Verbrecher「犯罪人」），Exzellenz（「閣下」．以前は大臣その他の高官にたいする尊称であったが，今日では外交上，そうでない人物にたいしても用いられる）

3) 具体的な名称の代わりに上位概念を用いる（とりわけ，官公庁が管轄する領域の事柄について）：

Verkehrsteilnehmer（「交通参加者」［ある辞書の訳は「道路使用者」］．実際は，自動車などを運転している人や歩行者などのこと），Verkehrsgeschehen（「交通事象」，つまり「交通」のこと），Verkehrszeichen（「交通標識」．看板や標識ばかりでなく，道路に描き込まれた記号なども指す），Gegenverkehr（「［自分と］反対方向の通行」．対向車ばかりでなく，対抗して進んで来る自転車や歩行者も含めて言う），Fahrzeug（「乗り物」．自動車は言うにおよばず，橇やキャタピラーのついた乗り物も，そして自動のみならず他動の乗り物も含める．語源的には「舟」を意味していた）．

4) 官公庁，企業などで使われる規格的な表現を尊重する：
die hohen vertragsschließenden Seiten ...（契約を結ぼうとする身分高き両者は…）
Das Gesetz tritt mit Wirkung vom ... in Kraft （本法律は…の効果に関して効力を発する）
Betreten des Rasens verboten/untersagt （芝生への立ち入りを禁ず）

5) 専門語を使う．交通の例．
Fahrdienstleiter（「列車運転業務［あるいはバスなどの運行業務］管理者」，Fahrausweis（「乗車［乗船］券．スイスでは「運転免許証」），Schienenersatzverkehr（「鉄道不通の場合の代替バス運行」）

公用語文体が使われる周辺領域としては，新聞をはじめとするマスメディアの公的なニュース，専門家集団（例えば，医師会）の機関誌，政治デモにおける演説，公開の場で器具類を販売する場合の使用説明，推薦状，広告のテクストなどが挙げられる．これらの場合には，それぞれの中心的活動領域の機能文体の特徴が入り混じってきて周辺領域の機能文体という特徴を形成しているのである．

10.2.7.2.2. 学問的文体の主特徴

学問的文体の最も大きな特徴は，結局，学問という活動そのものの本質に関係がある．学問的活動は，物事の本質を突き止めることを究極の目標として行われる．物事の本質を突き止めるためには，物事をできる限り正確に言葉で言い表さなければならない．物事をできる限り正確に言葉で言い表して

10.2. 文　　体

はじめて，それを足がかりにして，さらに次の一歩を進めることができるからである．したがって，学問的文体の最も大きな特徴は，言葉による表現が精密かつ正確なことである．

しかし，学問という活動と一口に言っても，実際にはそれは数多くの活動の形態に下位区分される．そして，活動の形態に応じて下位区分された機能文体を発達させているし，相応するテクストの種類も成立している．例えば，学位論文，教科書，学会での発表，討論，専門家の鑑定，研究指導，専門知識を普及させるための出版など，いずれも互いに異なる活動であり，独自の機能を果たしている．しかもそのうえに，学問は数多くの専門領域に分かれていて，それぞれの専門領域の内部でこのようにさまざまな形態で学問的活動が展開されているのである．

学問的文体と**専門語** Fachsprache と**専門テクスト** Fachtext は区別する必要がある．三者のうちで専門語がいちばん上位の概念である．専門語とは，専門的なコミュニケーション領域の内部で活動する人々の専門に関する意志疎通を保証するための言語手段の総称である．しかし，専門テクストは専門語とは違って，専門に関する意志疎通に使われる言語手段全体ではなくて，意志疎通のために産みだされた具体的な言語表明しか指さない．そして，テクストが持っているいろいろな観点のうちの一つが文体なのであるから，学問的文体は，三者のうちでいちばん下位の概念である．

学問的文体と専門語と専門テクストのうちで学問的文体がいちばん下の概念であるけれども，学問的文体は機能文体であるから，機能ごとに分けられた集団に特有な面と関わっているので，機能文体はさらに下位区分できる．例えば，医師の講演とエンジニヤーの講演とでは，おなじ学問的機能文体であるものの，下位区分では機能ごとに分けられて，別々の文体に属する．日常の意志疎通のための文体という別の機能文体を例にとってみても，同じことが言える．すなわち，遠洋漁業に従事する漁師が自分の仕事について報告する文体と，農業生産協同組合員の農民が自分の仕事について報告する文体は，それぞれの活動の違いを反映して，下位区分では文体が互いに異なっている．

また，学問的文体と専門語と専門テクストの三者では専門語がいちばん上位の概念であるとは言うものの，専門語は**社会的方言** Soziolekt の一つに過ぎず，例えば方言と肩を並べるような独自の部門ではない．したがって，専

門性がもっぱら学問的機能文体に特有の特徴であると言うことはできない．けれども，専門性が学問的文体の特徴の一つになっていることはまちがいない．

専門性という特徴は，下位区分された機能文体のなかでさまざまな形をとって現れている．その現れ方は，基本的におおよそ四つに分けることができる．

1) 学問的文体では，専門語の語彙や専門語に特有の文法的な構造が使われる．そのため，しばしば，専門語の語彙を使うことが義務的な文体要素であるかのように理解されているけれども，それは誤解である．送り手が特定の価値観に立っている場合にのみ専門語の語彙が使われるだけであって，別の価値観に立っている送り手ならば，専門語をもっと一般的に上位概念語で言い換えたり，やさしい表現で言い直したりするからである．

2) 論理的な脈絡を言葉ではっきりと言い表す．そして，テーマ・レーマ進行に隙ができないように配慮したり，できるだけ意味にあいまいさを残さないように努力したり，全体の組織的なつながりを分かりやすくするために，接続詞を多く使ったり，「第一に」，「第二に」のような形で列挙していることを明示しようとする．

3) 学問的な認識を人に伝えるときに，事柄を論理的に，あるいは感情的に，ときには論理的かつ感情的に強調しようとして，強意的な表現を使う．この傾向は，送り手が自分とは異なる見解，とりわけ，自分から見て誤っていると思われる見解と争おうとするときに見られる．

4) イラストや表や地図のような非言語的な描写手段を使ってテクストを補おうとする．その際に，ビデオデッキやオーバーヘッドプロジェクター（OHP）のような提示機器を使用することもある．

10.2.7.2.3. ジャーナリズムの文体の主特徴

ジャーナリズムの文体の実例を探そうとして，新聞その他のマスコミの作り出すテクストに当たるのは，無駄な努力に終わるおそれがある．そこでは，はっきりと公用語文体で起草されたと考えられるテクストや，明らかに学問的な機能文体で作られた分かるテクストが多く含まれているからである．したがって，ジャーナリズムの文体を考える場合は，個々のテクストのレベルではなくて，むしろ，テクストの種類のレベルで考察するのが適当であろう．

10.2. 文　　体

　そのようなテクストの種類とは，ニュース，論説，論評，ニュース解説，ルポルタージュ，インタビューなどである．これらのテクストの種類なら，ジャーナリズムのなかで確立された典型的なジャンルであるし，なによりも，ほとんどもっぱらジャーナリストが支配しているからである．

　ジャーナリストの活動領域の中心は，言うまでもなく，マスコミュニケーションである．すなわち，ジャーナリストの活動の主な特徴は，最新の情報を提供すること，大衆の意識に影響を及ぼして「与論」を形成すること，そしていわゆる「不偏不党の政治的中立」を守ることである．

　ジャーナリズムの場合の専門性という特徴も，下位区分された機能文体のなかでさまざまな形をとって現れている．その現れ方は，基本的におおよそ四つに分けることができる．

　1)　誰にも分かる，受け入れやすい，したがって読者層に影響を及ぼせるような語彙と統語論的な表現形式を使うこと．しかし，読者層に影響を及ぼすために必要とあらば，外来語も術語も隠語も新語も，そして専門知識がなければ理解しにくい表現なども使うことがある．また，統語構造でも，付加語を重ねてブロックを作ったり，多くの実例を枚挙したり，複雑な構文や長い文を使うことも恐れない．

　2)　常にジャーナリスティックにアピールすることを忘れない．受け手に読もう，あるいは，聞こうという気持ちを起こさせるための配慮も惜しまない．そのためには，見出しを工夫し，書き始めや全体の構成にも気を遣う．できるだけ表現の手数を省きながら，情報はできるだけ多く詰め込み，なおかつ，表現には適当な余剰を持たせて，印象を深めることを忘れない．受け手の関心を引き出すような，同時に，受け手にもっともだと思わせるような表現を選ぶ．

　3)　テクストの箇所によってはしばしばステレオタイプな表現を使う．

　4)　受け手に情報のアクチュアリティを明確に印象づけるために，読者ないし視聴者に呼びかけて，報道の世界へ引き入れようとする．そのために，婉曲法や隠喩のような修辞法のあやを利用したり，言葉と映像を併用したりする．

10.2.7.2.4.　日常の意志疎通のための文体の主特徴

　この文体の主な機能は，人々が個人的な交際の場面でくつろいで，肩肘張

らずに意志疎通しあえる可能性を提供することである．そして，この文体には格式張らないという長所があるため，しばしば私的な交際の場からはみ出して，仕事の場や職業上の専門活動の場でないところならどこでも，広く使われる．つまり，人と人との交渉が行われる場面では，ともすればこの文体が顔を出す可能性があるわけで，その点で，日常の意志疎通のための文体は**日常語** Umgangssprache という言語層と同義であると理解されることがある．

　事実，公的なやりとりや，官公庁におけるやりとりでも，自分の言語習慣や言語的な素養，教育のレベルなどの理由から，日常語から完全に離れることができない人も多い．しかし，その人たちがいかに公的な場でも日常語を離れることができないと言っても，彼らの言葉遣いにはそれなりに公用語の機能文体やその他の機能文体の特徴が入り混じっている．つまり，社会的方言の要素が入り混じっている．そのために機能的にもかなり細分化された要素が互いに密接にからみあっている日常の意志疎通のための文体と日常語とは互いに共通した面を持っていると見られるのである．

　しかし，日常語はあくまでも言語層を指す名前であって，通時的に見れば，方言と文学語が平均化して成立した言語層であるし，共時的に見れば，ドイツ語という一つの大きな体系のなかで標準語と並ぶサブ・システムであり，存在形態の一つでもある．一方，日常の意志疎通のための文体はあくまでも文体特徴で分けた名称であるから，表現性が豊かだという日常語の特徴をそのままこの文体の特徴とみなすのは，視点を混同することである．しかも，表現性が豊かであるという特徴なら，日常の意志疎通のための文体に限らず他の文体タイプにも認められる．そのうえ，日常の意志疎通のための文体はきまって日常語的であると即断することはきわめて危険である．なぜなら，ことさらに自然さを装った私的な会話や私信には文学語の影響が色濃くにじんでいる場合があるからである．そこで，日常の意志疎通のための文体（**日常文体** Alltagsstil という呼び方もある）の最大の特徴を一言で言い表すとすれば，それは「場面に関係づけられている」szenenbezogen ということであろう．

　日常文体が使われる領域に典型的で支配的な言語現象は，次の四点である．
　1)　話し言葉の場合，無理のない話し方と同時に，十分に練られていないために粗雑な点を残しているのが第一の特徴である．例えば，単語のレベル

では，意味があいまいな言葉を多く使うこと，意味が乏しい埋め言葉がよく使われること，個人的な愛用語をちりばめること，流行語を使うこと，通俗語や方言を混ぜることなど．また，統語論のレベルでは，構文の切り替わり（→10.2.4.2.4.），文要素の追加（→10.2.4.2.4.），文要素の孤立化（→10.2.4.2.4.）など．

　2）　同一のテクストのなかで，伝達される情報の量に比べて言語手段を使うことを惜しみすぎているかと思うと，逆に言語手段を無駄に使いすぎているような場合もある．つまり，極端にちぐはぐな現象が現れること．あるいは，このような表現の省力化や言語手段の使い惜しみは，テクスト生産が場面に関係づけられていることが原因である．すなわち，送り手は受け手が場面から情報を得てテクストの内容を補うことができると信じているために，テクストにしばしば省略や，短縮や，省略的な造語が現れるのである．

　一方，表現の過剰や言語手段の無駄使いは，送り手が熟慮のうえテクストを生産するわけではないことが原因である．例えば，いろいろな種類の繰り返しや，挿入，回りくどい言い換えなどは，送り手がゆっくりとテクストを検討しなかったか，不行き届きな点を自ら黙認した結果である．しかし，送り手がテクストを生産する際に熟慮する必要がないか，あるいは熟慮するゆとりがないというのも，テクスト生産が場面に関係づけられているという事情と結びつけて考えられないことではないから，上記の二つの一見したところ相反するような現象も，元の根は一つであると言えよう．

　3）　情緒性が前面に出てくることが多い．誇張や形象を頻繁に用いたり，コミカルな表現を交えてテクストを作るのは，送り手が自己の情緒や感情をとくに抑制する必要がないと考えているからである．

10.2.8.　語彙的手段と文体

　語彙 Wortschatz という言葉は二重の意味に使われる．すなわち，一つにはある言語に属するすべての単語という意味で，もう一つには個人がマスターしていて，かつ使っている単語の総体という意味である．ドイツ語には他に„Lexik"という単語もあるが，こちらは前者の意味で，あるいは一専門分野で使われる単語の総体という意味で使われる．語彙が文体要素になることができると言う場合の語彙は，個人的な意味の語彙である．すなわち，テクスト

を作る個人は自分がマスターしていて，かつ使っている単語の総体のなかから効果を狙って特定の単語を選んで使う．他方，テクストを作る個人が造語法に従って新しい合成名詞を作り出したとしたら，作り出された合成名詞が文体要素になることは確かであるが，合成という造語手段は語彙自体に備わっている可能性である．この場合の語彙には個人的な意味合いはない．むしろ，ある言語に属するすべての単語という意味の語彙が備えている可能性を個人が利用したと言うべきであろう．そのことを表すために，ここでは単に語彙と言わないで，**語彙的手段**と呼ぼうと思う．

以下では，ドイツ語の語彙的手段が文体要素になる可能性の一つ一つについて，具体的に考察しよう．

10.2.8.1. 文体手段としての造語法

言語共同体に新語が生み出される契機は二通りある．一つは，実際上の必要に迫られて新語を作り出す場合で，もう一つは文体上の必要から新語が作り出される場合である．

ドイツ語の造語手段のうちとくに有力なのは，派生と合成である（→1.2.2.2）．なかでも合成は有力である．名詞と名詞を組み合わせるだけが唯一の合成の可能性ではない．いろいろな品詞が組み合わせられるのが合成の特色である．

動詞＋形容詞（wandermüde「徒歩旅行に飽きた」），動詞＋名詞（Wachtraum「白昼夢」），名詞＋形容詞（geisteskrank「精神病の」），名詞＋動詞（過去分詞）（blütenumduftet「花の香りに囲まれた」），名詞＋動詞（過去分詞）（flammenverkündend「火災を予告している」）．

接頭辞（Präfix →1.1.4.）を使って派生させた動詞は，とくに工業や経済や政治・行政の領域における新しい命名の必要から急増している．50年代に接頭辞 be- を使って多くの派生動詞が作られたが，これらが人の4格を目的語に取ったので，人間を物のように扱う感覚を助長する危険があるというので文体学者と言語学者とのあいだに論争が行われた（例えば，beliefern「[人を4格目的語として] に供給する」，beraten「[人を4格目的語として] に助言する，bezuschussen「[人を4格目的語として] に助成金を出す，berenten「[人を4格目的語として] に年金を給付する」など）．

印象主義や表現主義の作家たちが好んで名詞や形容詞から作った新語もま

た，文体的な効果を狙ったものであった（例．zipfeln「［スカート，カーテンなどの］裾が不揃いになっている」＜Zipfel「［とがった］尖端」，tigern「虎斑をつける」＜Tiger「虎」：D. v. Liliencron の造語．blechern［薄っぺらな］＜Blech「ブリキ」：R. M. Rilke の造語．gasen「ガスを出す，ガスのにおいがする」：A. Döblin の造語．nachten「夜になる」G. Trakl の造語．gehren「斜めに切る」＜Gehre「斜め角」A. Stramm の造語）．

10.2.8.2. 文体手段としての品詞

10.2.8.2.1. 名詞

　抽象的な意味の名詞が複数形で使われると，意味に変化が生じ，そのことが文体要素となる．

　　(152) Der Staat muss das *Recht* schützen, aber auch die *Rechte* seiner Bürger. （国家は正義を保護しなければならない．同時に，国民の権利も守らなければならない）

とくに抒情詩では，単数形と複数形を混ぜることは印象を深くする文体手段である．

　　(153) Und du merkst es nicht im Schreiten, wie das *Licht* verhundertfältigt, sich entringt den *Dunkelheiten*. （そしておまえは，歩きながらでは，光が百倍にもなってまわりの闇をふりほどこうとしているのに気づかない）

目的語を目的語の格で表すかそれとも前置詞格にするかも，文体的には有力なバリエーションを作る．前置詞格はモダンな印象を与えるのに対して，目的語の格は時代遅れの印象を与える．

　　(154-1) Ich gedenke des Tages―Ich denke an den Tag
　　(154-2) Ich schreibe ihm―Ich schreibe an ihn

10.2.8.2.2. 形容詞

　形容詞は名詞の前に置かれて付加語となるから，名詞を限定するにあたってどのような形容詞を付加語に選ぶかということ自体がすでに，文体上の選択である．ただし，形容詞を使いすぎると，広告のテクストによく見られるように，飾りすぎた嫌味な印象が生まれる．

さらに，同じ形容詞を付加語として用いるか述語として用いるかも，文体上の大切な選択となる．

(155) Die Häuser waren recht *klein* und standen dicht beieinander.—Die *recht kleinen Häuser* standen dicht beieinander. （それらの家はまったく小さかった．そしてぎっしり押し合うようにして建っていた．—それらのまったく小さい家はぎっしり押し合うようにして建っていた）

最高級で表現するはずの事態を比較級を用いて表すこともまた，文体要素を作る可能性の一つである．

(156) Das Kind war *viel begabter* als die anderen. （その子は他の子供たちよりもずっと才能があった）

いわゆる絶対的比較級や絶対的最高級も文体要素になる可能性を持っている．

(157) Eben hatte die Sängerin das Lied unter dem *größten* Beifall geendigt. （おりしも歌い手はその歌をすごい拍手を受けながら終えたところだった）

抒情詩で通例は比較変化しない形容詞が比較変化して用いられるのは，文体要素である．

(158) Ein fremder Geist verbreitet sich schnell über die *fremdere* Flur. （なじみのない霊が，たちまち，さらになじみのない耕地のうえに広がる）

形容詞の表す性質の程度を強調する表現も，たいてい情緒的な強調になるので，文体要素になる大きな可能性を秘めている．

*stein*reich「底なしに金持ちの」，*bitter*kalt「肌を刺すように寒い」，*super*modern「超近代的な」，*kinder*leicht「子供でも分かる（ほど易しい）」，*furchtbar* nervös「ものすごく神経質な」，*unheimlich* gut「とてつもなく良い」

10.2.8.2.3. 動詞

前半部の「表現」で扱ったテンス（→10.1.8.）や叙法（→10.1.9.）は動詞のカテゴリーであって，重要な文体手段であるが，ここでは，テンスならびに叙法と並んで文体の形成にとって欠かすことができない手段である機能

10.2. 文体

動詞構文について述べよう．

　(159)　Der Schatten bewegte sich ziemlich schnell.　（影がかなりすばやく動いた）

では影の移動という動きが sich bewegen という動詞で表現されている．動詞という品詞は，本来，動きや行為や活動などを表すための単語に対して考えられたカテゴリーであるから，上の文は言語の本来的な形式に則って作られていると言える．動きや行為や活動などを表すのに動詞を使っているという意味で，このような表現形式を**動詞文体** Verbalstil で書かれているという．

　同じ内容を

　(160)　Die Bewegung des Schattens vollzog sich ziemlich schnell.　（影の移動はかなりすばやく起こった）

と表現すると, sich bewegen という動詞で表現されていた影の移動という内容が Bewegung という名詞へと移ってしまう．動詞で表現されるべき事態が名詞で表現されているという意味で，このような表現形式を**名詞文体** Nominalstil で書かれているという．影の移動という動きが Bewegung という名詞に化けてしまうと，定動詞 bewegte が sich とともに消えてしまい，文の述語動詞がなくなることになる．そこで空いた位置を埋めるために新たな定動詞として投入されたのが vollzog sich である．

　動詞 sich vollziehen には「起こる」くらいの意味しかなく，述語の動詞としては，概念的な意味を表す働きよりもむしろ，ほとんどもっぱら時称や法のようなカテゴリーを表す文法的な機能を果たしている．ここから**機能動詞** Funktionsverb という名称が起こった（→1.1.4.）．

　Bewegung は**動詞的名詞** Verbalsubstantiv と呼ばれるが，それにしても名詞に違いない．それゆえ，動きや行為や活動などは動詞で表現されるのが本来的であるという考え方からすると，動詞的名詞 Bewegung を主語とした Die Bewegung des Schattens vollzog sich ziemlich schnell. という表現は変則的であることになる．たしかに動きは動詞で表すほうが生き生きと表せるので，文体の教科書などのなかには名詞文体よりも動詞文体を高く評価し，できるだけ動詞文体で表現することを勧めるものもある．

　しかし，これは完全に正しい考え方であるとは言えない．問題を立てるとすれば，動詞文体が適当かそれとも名詞文体が適当かを問うべきであろう．

そして，動詞文体が適当か名詞文体が適当かという問いに対しては，実はどちらも適当だと答えるのが正しいことを知らなければならない．つまり，動詞文体が適当か名詞文体が適当かは，テクストの種類ないしはジャンルによって決まる．動詞文体は，例えば小説や報道文のような語りを中心とするテクストにふさわしいし，名詞文体は学術，経済，技術などの冷静な記述が中心となるテクストに適している．

　下の文は動詞文体で書かれている．
　(161) Wir entscheiden die Sache. （私たちはその問題に決着をつける）
同じ内容を名詞文体で書くならば，次のようになる．
　(162) Wir bringen die Sache zur Entscheidung.
「決着をつける」entscheidenという行為がEntscheidungという名詞の形を変えたため，entscheidenのあとに納まっているのがbringenという機能動詞である．この場合，動詞bringenと名詞Entscheidungは，さきのBewegungとsich vollziehenの関係とは違って，互いに意味的に密接に結びついており，zur Entscheidung bringenは成句とみなされる．このように動詞的名詞と機能動詞が意味的に一体化している結合を**機能動詞構造**Funktionsverbgefügeという（→1.1.4.）．

　機能動詞構造は現代語では頻繁にみかける．そして，いくつかの類型に分けられる．機能動詞もbringenだけとは限らない．

　　　zur Entscheidung kommen　（決心がつく/決着がつく）
　　　eine Entscheidung über et. treffen　（…について決定を下す）
　　　jm. Hilfe leisten　（…を援助する）
　　　jn.(et.) in Frage stellen　（…を疑う）
　　　et. unter Beweis stellen　（…を証明する）
　　　et. in Erwägung ziehen　（…を考慮する）
　　　et. zur Kenntnis nehmen　（…に気づく）

現代語における機能動詞結合は，官公庁の文書にまず登場し，そこから一般に広がったようである．そのため機能動詞結合には一種の「官僚臭」がつきまとい，結果として厳格な文体家からは拒絶されることになるのである．

　しかし，厳格な文体家が機能動詞結合を攻撃するのは，たんに「官僚臭」のせいばかりではない．機能動詞結合が**迂言形式**Streckformとも呼ばれることから推察されるように，単一動詞で表現できる内容をわざわざ動詞的名

10.2. 文　　体

詞＋機能動詞で置き換えることに対する批判からである．たしかに，一見したところ，et. zur Entscheidung bringen とわざわざ言わなくても et. entscheiden で十分に事足りるように思われる．

けれども，et. zur Entscheidung bringen には，たんに et. entscheiden と表現するのとはひと味ちがったニュアンスが伴っていることも感じられる．「あることを決定へと持ち込む」と訳してみれば分かるように，et. zur Entscheidung bringen はあることを決定するまでにさまざまな苦心や衝突や紆余曲折があったことを思わせる．したがって，もし事実がそのようであったならば，et. zur Entscheidung bringen という機能動詞結合は事実にぴったりの表現であって，et. entscheiden にはない表現上の長所を備えていると言わなければならない．これが，機能動詞結合が単なる迂言形式に過ぎないではないかという厳格な文体家の批判に対する弁護論である．

実は，機能動詞結合は現代語ではじめて登場したのではなかった．古く Gottfried W. Leibnitz (1646-1716) の時代から存在し，それなりに有用な形式として愛用されていたのである．機能動詞結合が現代語に復活し，ほとんどすべてのテクストの種類に見かけるほどに広まったのは，この表現上の長所が再認識されたためではない．周囲にあふれるばかりの情報に取り巻かれて生活する現代人が，少しでも情報をコンパクトに把握し，かつ，それをすばやく処理しようとする欲求に応える形式の一つとして，動詞的名詞を好むようになったからである．そして動詞の名詞化が必然的に機能動詞構文を生み出したからである．この経緯のなかにすでに，機能動詞構文を単一動詞のたんなる言い換えに堕落せしめる要因がひそんでいた．

機能動詞構文とは別に，動詞が効果的な文体の形成に役立つのは，**アスペクト** Aspekt（→1.1.4.）と**動作態様** Aktionsart（→1.1.4.）によってである．ドイツ語ではアスペクトも動作態様も文法化されていないで，ごく一部の動詞において，意味によって表されるか接頭辞や接尾辞によって表されるに過ぎないけれども，それでも，文体上の効果は認められる．

(163) Was haben Sie eben gesagt？（sagen「言う」は完了相の perfektiv 動詞．今なんと仰言ったのですか）

(164) *Was haben Sie eben geredet？（reden「話す」は未完了相の imperfekt 動詞なので，この構文には使えない）

(165) Der Minister redete vor Studenten.（大臣は学生にむかって演説

をした)
(166) Der Vogel baut sich ein Nest. (bauen「作る」は未完了相の動詞．鳥が自分の巣を作っている)
(167) *Man erbaut eine Kirche. (erbauen「建築する」は完了相の動詞なので，この構文には使えない)
(168) Diese Kirche wurde im 15. Jahrhundert erbaut. (この教会は15世紀に建てられた)

10.2.8.2.4. 副詞

　副詞のうちで，文体の観点からとくに重要なのは，第一に，送り手の評価的なコメントを表す**文副詞** Satzadverb (→5.3.4.) あるいは**話法詞** Modalwort (→5.3.4.) (例えば，freilich「もちろん」，natürlich「当然」，wohl「恐らく」，vielleicht「ひょっとしたら」，wahrscheinlich「たぶん」，gewissermaßen「まあだいたい」，möglicherweise「もしかすると」など)，陳述を強める副詞 (→5.2.1.)，否定の副詞 (→5.3.3.) である．これらの副詞は，そもそもそれらを使うかどうか，あるいはどれを選んで使うかによって，テクストを形成する送り手の態度がテクストにはっきりと現れる．その意味で文体に対して大きな影響力を持っている．

　第二に，陳述を強める副詞もまた陳述内容の現実度に対する送り手の判断や評価を表すので，上と同じ理由から，文体的に重要視される．例えば，ja「(日本語の文末の)…ね，…よ」，zweifelsohne「疑いもなく」，selbstverständlich「もちろん」，ganz und gar「すっかり」，gewiß「きっと」，sicher「必ず」，schlechterdings「絶対に」，überhaupt「[否定を表す語句とともに] 全然」など．また，ach, bloß, nur, denn, mal, doch, etwa, wohl のように，軽いニュアンスを表す不変化詞もまた，文の構成要素にはならないにもかかわらず，**スパイスを効かせる語** Würzwort というあだ名のとおり，文体上無視できない．

　第三に，ドイツ語の否定は，nein や nicht による否定のほかに，副詞 nirgends, nirgendwo, nimmer, nicht mehr, nimmer mehr, keinesfalls, keineswegs を使う否定もあるし，そのほかにも下記のような手段がある．すなわちドイツ語の否定は，文体を多彩にする幅広い可能性をはらんでいる．例えば，kein＋普通名詞の形式を使った否定表現

10.2. 文　　体

(169) *Kein Mensch* muß müssen.　（他人に無理強いするもんじゃない）

(170) *Keine Seele* war weit und breit zu sehen.　（あたり一帯には人っ子ひとり見かけなかった）

(171) Damit kann man *keinen Hund* hinter dem Ofen hervorlocken.（そんなことでは人の気はひけない）

や，**曲言法** Litotes を応用した日常語の否定表現，

(172) Er war *nicht besonders klug.*（彼はとりたてて賢いわけではなかった＝Er war dumm.）

(173) Er war *kein großer Held.*（彼は偉大な英雄とは言えなかった＝Er war kein Held.）

なども考えあわせるとよい．

10.2.8.2.5.　人称代名詞

　人称代名詞で文体の観点から見て興味深い現象は，**尊貴の複数** Pluralis majestatis と**謙譲の複数** Pluralis modestiae である．前者は，帝王などが ich の代わりに wir を用いることを言い，後者は論説などで ich の代わりに wir を用いることを言う．また，広告テクストに duzen と Siezen のあいだの揺れが見られるのは，文体の観点から興味を惹く．

10.2.8.3.　文体手段としての同義語と反義語

　意味が等しいか類似している二つ以上の単語を互いの**同義語** Synonym (→1.4.1.) であると言うが，同一の指示対象を指しかつ意味が完全に一致する単語が二つ以上存在することは，厳密に言えばあり得ない．概念的意味が全く一致していても，副次的な意味が異なっているのが普通である．この場合，これらの単語は**概念的同義語** begriffliche Synonyme である．他方，概念的意味が全く一致していても，文体的色彩 (→10.2.6.) や**文体の高さ** Stilhöhe が異なる場合がある．これが**文体的同義語** stilistische Synonyme である．例えば，「人間や動物の頭部」という概念的意味は同じでも，Haupt, Kopf, Schädel, Birne の文体的価値は互いにまったく異なる．Kopf が標準的な意味であるのに反し Haupt は高尚な意味を表す．独和辞典が「雅語・詩語」と記しているのはこのことを指している．Schädel は本来解剖学の用語で「頭蓋骨」を指す．しかし，比喩的に Kopf の意味で使われる．Birne はもともと「セ

イヨウナシ」を意味しているが，口語では Kopf を意味する．送り手が文体的同義語のなかからどれを選択して使うかは，テクストの文体的な価値に影響を及ぼす．

　同義語の特殊な形態が**反義語** Antonym (→1.1.4.) である．一口に反義語と言っても，既存の語彙のなかに存在している場合(例えば, Anfang－Ende, Morgen－Abend, hier－dort, mehr－weniger, groß－klein など) もあれば，新しく作り出さなければならない場合もある．後者の場合，思いがけない意味の新語が生まれたり，即興的な面白さが感じられて，文体的に興味深い．例えば, Geld－Ungeld(口語で「莫大な金」), Frau－Unfrau(＜unfraulich「女らしくない」), gehofft－ungehofft(「望まれない」. hoffen の過去分詞に反意の接頭辞 un-を付けたと思われる), gefällig－mißfällig (「気に入らない」. gefallen－mißfallen の対立から作ったと思われる) など．

10.2.9. 音響と文体

　作家は，自分が用いる単語の音響を効果的に利用しようとして，別の単語と入れ換えたり，単語どうしの配列を工夫したりする．Goethe は，自叙伝 *Dichtung und Wahrheit* の題名を決めたとき，自叙伝という意味では Wahrheit を先に置いて *Wahrheit und **D**ichtung* とすべきであったのを, und の末尾の d 音と続く Dichtung の頭の d 音の連続を避けて，現行の順序を選んだと言われる．とりわけ抒情詩ではこの工夫は重要な意味を持っている．抒情詩の場合は，単語の音響だけではなく，韻や，韻の配置や，リズムもテクストの効果に関わってくるからである．すなわち，言語の音響面は文体と切り離せない関係にある．

　人間が話す声は，その人の個性を反映しているし，聞き手に印象を与える力を持っていて，話し手の意図をも伝える働きすらする．それゆえ，人間が話す声はりっぱに文体要素である．もっとも，音象徴と言われるような，一つ一つの言語音に決まった働きがあるかどうかは疑問であるとはいえ，テクストの言語音の面には，単なるメロディーやリズムを越えた，テクスト全体の意味と関連する共示的な働きがあることは否定できない．例えば, Goethe の „Wandelers Nachtlied" はその好例である．

　(174) Über allen Gipfeln/ist Ruh,/In allen Wipfeln/Spürest du/Kaum

10.2. 文　　体

einen Hauch ; /Die Vögelein schweigen im Walde./Warte nur, balde/Ruhest du auch. （すべての頂の上に/静けさがある，/すべての梢のなかに/おまえは感じない/ほとんどそよ風も．/小鳥たちは森のなかで沈黙している/少しだけ待て．やがて/おまえもまた休息するであろう）

このテクストのなかで，明るく高い，前方の母音（→1.2.1.2.）はテクストのなかの高い形象について使われているし（über の ü[y :]，Gipfeln の i[ɪ]，Wipfeln の i[ɪ]），暗く低い後方の母音（→1.2.1.2.）は静けさを表す言葉に使われている（Ruh の [u :]，Hauch の [aʊ]，ruhest の [u :]，auch の [aʊ]）．

　言語音と意味との関係という観点から言えば，擬声語とか擬音語と訳される**オノマトペ** Onomatopoetikon は，言語音が必然的に意味を担っているという意味で文体の効果にとってとくに重要である．

(175) *Pardauz* ! Da lag er auf der Nase. （どたん．見ると彼がうつ伏せに倒れていた）

(176) *Trippelt* was ums Haus herum,/macht's allweil : *bitsch, batsch, batsch.* （家の周りを何かがチョコチョコと歩いている/そして絶えずビチャビチャ，バチャバチャ音を立てている）

(177) An manchen Tagen *klirrte* das Geschirr in den Schränken Tomis unter seismischen Wellen. （Tomi のところの戸棚では，戸棚のなかでガラスの食器類が地震波のためにかちゃかちゃ鳴る日が多かった）

　文要素を強調するためのアクセントもまた統語構造に影響を及ぼす．そのため，強調のアクセントもまた文体的に重要な要因である．一例を挙げれば，人にものを頼もうとして「今日，私のために時間を割いて頂けるでしょうか」と言うのは，ドイツ語では „Háben Sie héute für mich Zéit ? "のように三カ所にアクセントが置かれる．けれども，もし「私」を強調しようとして mich にもアクセントを置くならば，„Háben Sie héute für mích *etwas* Zéit ? "のように mich と Zeit のあいだに etwas を挿まなければならない．そうしなければ，強勢を持った mích と強勢を持った Zéit が直接に接してしまうからである．

　言語の音響面について語るとき，**脚韻** Endreim と **頭韻** Stabreim を無視することはできない．脚韻は抒情詩ではふつうに行われる技法であるが，かつ

ては叙事詩でも使われていた．脚韻とは，単語のアクセントを担う幹母音以下の音を同じにする技法を言う．例えば，gez*eigt*/st*eigt*；beh*agen*/aufgeschl*agen*；st*erblichen*/verd*erblichen*．また頭韻は，語（ないし音節）の最初の子音の音を同じにする技法である．例えば，*H*aus und *H*of；mit *K*ind und *K*egel；bei *N*acht und *N*ebel．頭韻は今日でもコマーシャルに使われる．

(178) *M*ilch *m*acht *m*üde *M*änner *m*unter.　（ミルクは疲れた男たちを元気づける）

　文体と脚韻や頭韻の関わりを研究するには，まず**韻律論** Meirik を学ぶことが必要である．韻律論では**押韻** Reim や脚韻の種類の詳細が扱われるからである．

10.2.10.　文体論の歴史

10.2.10.1.　「文体」の名称の由来と「文体」概念の発展

　西洋における**修辞学** Rhetorik は，ギリシャのポリスにおける政治形態がすでに民主政治へと移行していた紀元前5〜4世紀に始まる．そこでは市民は弁舌によって，自己の利益を主張し，立場を弁護し，政治を動かそうとしていた．Aristoteles (B.C.384-322) や彼の弟子たちは，演説が形成される過程で思考がどのようにして秩序づけられ形成されるかということに関心を向けた．また，他の学者たち，例えば Theophrast (B.C.371-287) は，言葉の正確さ，明晰さ，適切さ，美しさについていろいろと説を立て，比喩や言葉のあやが使われる程度に応じて，文章の高尚さにもさまざまな段階があると主張した．

　彼らが立てたいろいろな説は，究極的には，今日の言葉を使えば，文体を巡る議論である．ただ，彼らのあいだではまだ「文体」という言葉は使われず，「文体」が言われ始めたのは，例えば Cicero (B.C.106-43) の頃になってからである．

　文体を意味する現代ドイツ語の Stil はラテン語の *stilus*，ギリシャ語の stylos に当たるが，これらの言葉は古代のギリシャ・ローマでは，そして中世でも15世紀までは，具体的に木製あるいは金属製の先のとがった，小型の蠟板に文字を彫り込むために使われる筆記用具を意味していた．頭は平たくなっていて，この部分を使って，彫りそこなった文字を削りとった．この筆記

10.2. 文　　体

用具という意味が彫られた結果にも転用され，結局，書き方や（原稿を用意して話す）話し方そのものを指すのにも使われたのである．

　この由来からして，「文体」は本来は個人の書き方を意味していた．しかし，やがて一般的な意味で使われるようになる．何々派の文体という呼び方とか，高尚な文体，中庸の文体，野卑な文体という三区分が定着する．

　この伝統は中世へと持ち越され，定着する．ただし，文体を研究する学問としての，後の時代で言う文体論 Stilistik/Stillehre はまだ成立していない．伝統的な修辞学の範囲内で修辞学的な文体手段を実際にどう用いるかを論じているにすぎない．

　15世紀になると，「文体」はラテン語の文献にもドイツ語の文献にもしばしば登場するようになる．16世紀の人文主義者たちの著作では「文体」は「人格の鏡」と考えられた．そして，Erasmus や Michel E. Montaigne たちはいつまでも Cicero を模範として模倣することに反対した．

　「書き方」という意味での *stil* が初めてドイツ語の文献に登場したのは1425年ごろのことであると言われる．この *stil*（あるいは *styl*）はラテン語からの借用語であったから，外来語の印象を免れなかったらしい．しばしば，»*art zue reden*«，»*Schreibart*«，»*Rede-Art*«のようなドイツ語に置き換えられている．

　そして，18世紀も末になってやっと *Stil* がドイツ語において市民権を得る．それとともに *Stil* には「裁判手続きの様式」とか「暦の数え方の様式」という意味も加わる．

　17世紀以来，*Stil* は音楽の分野でもいろいろなジャンルや方向を特徴づけるのに使われるようになった．また，Johann, J. Winckelmann(1717-1768)以来，*Stil* は演劇，舞踊，絵画などの描写芸術の分野でも芸術の方向や時代区分を表すのに使われるようになった．そして，そのような使い方は逆に文学のジャンル時代区分の名称にも影響を与えた．

　18世紀には「文体と人格の一致としてのトポス」（G. L. L. von Buffon：1707-1788）という思想が定着したが，それは古代以来の長いトポス研究の到着点を意味していた．これに伴って，文体も作家の修練と教養の産物として捉えられることとなった．この考えは，文体こそは作家の個性の現れとしての書き方であるという考えにはまだ一歩及ばないと言えるが，文体を学問的に記述する文体論 Stilistik/Stillehre への道を用意する見解であった．こう

— 155 —

してやっと，文体論は伝統的な修辞学研究から独立してゆくのである．

「文体と人格の一致としてのトポス」と平行して，古代以来の伝統である「思想を包む衣装としての文体」という考えも18世紀には新たな光が当てられて，文体は送り手の心の具現化であると考えられ始めた．気取らず飾らないことが手紙には大切であるとされ，このような素朴文体が文学の散文にも影響を及ぼした．

10.2.10.2. 文体論の成立

文体論 Stilistik という術語は，18世紀末にフランス語の *Stilistique* が借用されてドイツ語となったものである．最初の用例は Novalis に見られると言われる．文体論という術語が一般的になるにつれて，文体研究もまた盛んとなった．そして，いろいろな立場から文体が論じられるようになった．

啓蒙主義時代の文体論を大成したのは Johann Christoph Adelung(1732-1806)であると考えられている．彼は1785年に *Über den deutschen Styl* (2 Bde.)を著したが，修辞学と文体論の役割を分けた．思想を見出してこれに秩序を与えるのは修辞学の役割であるが，思想に言葉の上で具体的な形を与えるのは文法と文体論の役割である．彼によれば，文法は言葉遣いが規範に合致しているかどうかを見定めるのに必要であり，文体論は表現が美しいかどうか，また，目的に適っているかどうかを決めるために必要であった．Adelung はまた話し言葉さえも文体論の対象になると考えている．

合目的的で美しい文体，つまり「良き文体」は，それゆえ，一定の規則に従って生まれるものであり，これらの規則をマスターしさえすれば習得することができるものなのであった．

Adelung のようにまず規則が存在することを認め，それに従おうとする姿勢を**規範的** präskriptiv と呼ぶならば，Karl Philipp Moritz(1756-1793)の姿勢はそれと対照的である．彼は，修辞法の影響を受けた文体論にはっきりと背を向けた当時ただ一人の文体家であった．彼にとって文体とは「書き方の個性」であって，一般的な「良き文体」やそれに達するための規則などあるはずもなかった．このような彼の姿勢は，**記述的** deskriptiv と呼ぶことができる．彼は記述的な立場に立った最初の文体家である．彼に言わせれば，すぐれた文体でさえあれば受け手に強い印象を与えることができ，そのことがすなわち模範とすべき文体である証であった．彼は推奨すべき文体の例とし

10.2. 文　　体

て，Goethe の *Die Leiden des jungen Werthers* の5月10日の手紙を挙げたと言われる．試みに冒頭部を引用してみよう．

(179) Eine wunderbare Heiterkeit hat meine ganze Seele eingenommen, gleich den süßen Frühlingsmorgen, die ich mit ganzem Herzen genieße. Ich bin allein und freue mich meines Lebens in dieser Gegend, die für solche Seelen geschaffen ist wie die meine. ...　（得もいわれぬ晴朗な気分が私の心を満たしている．ちょうど私が当地で心底たのしんでいるあの甘い春の毎朝とおなじだ．私はひとりぼっちだが，この土地で自分の生活というものを楽しんでいる．ここはまるで私のような心持ちの人間のために造られたかのようだ．…）

言語学者のなかにも Moritz と似た考え方をする者があった．Jacob Grimm(1785-1863)はその一人である．彼は言語における情緒のはたらきを強調したが，この思想はのちに de Saussure の弟子 Charles Bally によって受け継がれた．Wilhelm von Humboldt(1767-1835)は，文献学の仕事で原典批判を行う際に，記述的で観察的な文体論の立場に立ち，文体のなかの時間的・空間的な要因と主観的な要因を分離するよう要請している．

Moritz の直系の後継者と言えるのは，文学者であり作家でもあった Theodor Mundt(1808-1861)である．彼は *Die Kunst der Prosa*(1837)を著して，ドイツ語散文の発展を文体史の観点から捉え，ドイツ語で書かれた散文が文体的に高く評価できることを示した．

19世紀においてドイツの文体論に最も大きな影響を及ぼしたのは，言語学者 Karl Ferdinand Becker である(*Der deutsche Stil*, 1848)．言語の使用を有機体が目的を遂行することであると考えていた Becker にとって，文体とは「思考の完全な叙述」以外の何物でもなかった．彼は，美とか合目的性とかいう規範を目指す旧来の文体論を全く否定し，思考を余すところなく表現するところに初めて文体の美が生まれると主張した．それゆえ，彼にとって文体論の第一の課題は文体を記述することであった．しかし，同時に文体を評価し，すぐれた文体とはどのようなものであるかを示すことも文体論の重要な課題であると考えられた．文体論は，この課題を果たすために，個人や個別のジャンル毎に文体を作り上げている要素を体系的に記述しなければならない．

Wilhelm Wackernagel(1806-1869)は，修辞学と文体論の概念の混乱を整理することを試みた．この試みは，結局，成功しなかったけれども，文体論をいっそう客観的な学問に発展させるのに寄与した．彼は，修辞学を「散文の理論」であると理解し，他方，文体論を言語記述の理念や素材ではなくて，表面的な形式，つまり語の選択や文の構成を研究する学問であると考えた．それは，外部から見ることができる表面の記述の中にこそ，内的な特性がいろいろな目印となって現れ出ていると考えられたからである(*Poetik. Rhetorik und Silistik*, 1873)．

　時代の思潮であった，確認できる現象には起因される力が隠れているという自然科学の実証主義が文学にも取り入れられた．そして，文体論にも影響を及ぼした．Wilhelm Scherer(1841-1886)はこの新しい方向の代表者である．彼は，先行する文体家と逆に，修辞学と文体論を区別するよりは両者を併せて話し方の技術 Kunst der Rede を作り上げようとした．彼によれば古代の修辞学は体系化が整っており，そのトローペ（隠喩・寓意・婉曲法・イロニーなど．→10.2.4.2.1.）ややや新しい文章科学が分析を行う際の道具に利用されるべきなのであった(*Poetik*, 1888)．

　「話し方の技術」が記述するべき対象は，文章の素材から始まってジャンルの選択，内的・外的な形式の選択，韻律手段の選択にまで及ぶ．ここには，明らかに，種々の文体手段のなかから特定の手段を選択することによって個人の文体が作り上げられてゆくという思想が認められる．

10.2.10.3.　20世紀の文体観と文体論

　Scherer の弟子であった Richard Moritz Meyer(1860-1914)は，最終的に文体手段を集大成した人物であると見られているが，彼は文体論には受け手でなくて作者の方に焦点を当てたり，作品の方を中心に取り扱ったりする立場がありうることを指摘し，文体の形成を考察するにあたっては，心理的な影響と歴史的な影響を見逃してはならないことを強調した．彼が強調した二つの視点は，20世紀の多彩な文体研究の基調をなすものである．彼によれば，文体は送り手の個性・時代・国民性・ジャンルの影響を受ける．それゆえ，文体論は文体に現れた個人的な特徴を，いろいろな要素と影響を及ぼす因子とを手がかりに調べあげ，できるだけ完全に記述し，心理的な説明を加え，かつ，歴史的に位置づけなければならない．Meyer は，文体を形成する要素

10.2. 文　　体

として，単語の特性から文学ジャンルのような大きな形式にいたるまで，一貫して実例をもって体系化しようと努めた（*Deutsche Stilistik*, 1906）．

文体を評価する基準がこのように根本的に変わっていった別の原因として，Benedetto Croce(1866-1952) や Karl Vossler(1872-1949) の影響を見逃してはならない．彼らは日常語の文体と芸術作品の文体は対等であると見なしたからである．つまり，彼らには言語のあらゆる要素は文体を表現する手段になりうると考えられたのであった．

Meyer に数年遅れて *Stilistik* (1911) を刊行した Ernst Elster は心理学者Wilhelm Wundt(1832-1920)の研究成果を文体論に取り入れた．文体手段のたいていは，個人の心理の内に構造化された世界の知覚と意識化の結果であると考えたからである．啓蒙主義の時代の文体家が文体のあやを受け手の心理の力に結びつけたのに対して，Elster は作者の気持ちのあり方を中心に据えて考えたのであった．

Elster によれば，文体とは作者によって作品の中で統一的に制御されて使われている表現手段の集合をいう．そこには創作する者の世界の捉え方が顕著に現れている．

20世紀の20年代は，文体論のさまざまなアプローチが試みられた時期である．文体論でもさまざまなアプローチが試みられたのは，文学以外の分野における論争が文体論にまで応用された結果である．例えば Heinrich Wölfflin (*Kunstgeschichtliche Grundbegriffe*, 1915) の唱えた，美術の表現の根底にある線的か絵画的か，平面的か立体的か，閉鎖的か開放的かというような対極的なものの見方は，文学において文体の類型を区分する際の模範とされた．Oscar Walzel(1864-1944)は，この類型を文学研究に取り入れ，時代精神が同時にさまざまな芸術分野において時代のスタイル Epochenstil となって現れると主張した．そして，文学史を精神史として考察する道を拓いた．Wilhelm Schneider(*Ausdruckswerte der deutschen Sprache. Eine Stilkunde*, 1931) は，さまざまな視点から集めた対極の類型を文体分析のラスターとして用いることを提案している．また，Emil Ermatinger(*Das dichterische Kunstwerk*, 1924)は時代のスタイルの代わりに，抒情詩・叙事詩・演劇に形式の相違によって生み出されるそれぞれのジャンルのスタイルが存在しうることを主張した．

ドイツ語の文体論は，またフランス語学・文学研究からも影響を受けた．

先述のK. Vosslerの影響を受けたLeo Spitzer(1887-1960)は，特定の作家たちにおいて心理的な高揚がそのまま言語使用上の逸脱に連なっていることを実例で示すことから始めて，文章と作家の人格の係わりを全体として示すことを試みた．Emil Winkler は，Spitzer とは異なって，文体を作り上げるのは語の概念的意味よりもむしろ含意的意味であることを強調した．含意的意味には力があり，感情がこもっており，心情が秘められていて，言語形成物としての価値を持っている．彼は，この価値を探し出し，認識することこそ文体論の任務であると考えた．彼はBallyの研究に影響されてこの考えを得たのであるが，語の概念的意味の面をあまりに軽視しすぎたため，惜しいことに一面的な研究に終わった．

Winkler の弟子であった Herbert Seidler は *Allgemeine Stilistik* (1953)を著したが，そのなかで言語の情緒的な力こそ文体論の対象であると述べた．しかし，批判を受けて，後年には情緒面一辺倒の方向を修正している．

上に述べた文体論における諸方向のうち，とくに Walzel の方向は長く影響力を持ち，現象学とゲシュタルト心理学の影響のもとに精神史から離れて，文学作品の構造研究と作品の内在的解釈に集中した．そして，50年代にはその頂点に達した．

Wolfgang Kayser(*Das sprachliche Kunstwerk*, 1948)は，それまでの文体観を批判して，終始一貫して内的なものに規定された造形こそが形式と内容の一致であり，文体と呼ぶに相応しく，これが言語を使って表現されたものすべてにあてはまる文体概念であると主張した．また，心理学の概念である**受容** Perzeption に着目し，文体とは詩人が統一性をもって世界を受容した結果であって，文体を理解するとは五感をはたらかせて知覚することであることを強調した．

Emil Staiger(„Das Problem des Stilwandels". *Euphorion* 55/1961)も作品の解釈に際して文体論を前面に押し出した一人である．「作品内在的解釈」の主導者であった彼は，芸術作品の形成には文体の統一が肝要であることを余人よりも強く主張した．作品と文体は不可分離の一体であり，形式だけではなく，内容だけでもなく，思想だけではなく，モチーフだけでもない，それら一切を一つにまとめたものというのが彼の文体観であった．

10.2. 文　　体

10.2.11.　言語学と文体論のいろいろな立場

　20世紀も50年代になると近代言語学が定着した．そして，文体論も言語学からさまざまな影響を受けて，さらに豊かな発展を遂げるに至った．

10.2.11.1.　統計的文体論
　統計を利用して文体を研究する手法はすでに20年代に導入された（A. Busemann: *Stil und Charakter. Untersuchungen zur Psychologie der individuellen Redeform*. 1948）．50年代に入ると，コンピューターを使った文体研究がアメリカにおいて盛んとなった．ドイツでは，数学的手法を用いた W. Fuchs の一連の研究がその始まりであると考えられている („Mathematische Analyse des literarischen Stils" In: *studium generale* 6/1953）．これらの研究にとって文体とは，テクストの外形から量的に把握されうる現象の一切を意味していた．このことは同時に，数値やその分布，機能，内容に関連づけた解釈などは機械に任せることはできず，解釈する専門家が別に必要であることを意味するけれども，だからと言って，このような数量的な文体研究が無意味であることにはならない．情報理論の発達とともに，文学テクストの統計的研究すら可能になる日は遠くない．

10.2.11.2.　機能主義的文体論
　言語学が進めた文体論的研究のうち，最も早期に始められた研究の一つは，プラーク学派による研究である．プラーク学派は，言語を機能別に区分しようと試みており，とりわけ**詩語** Dichtersprache という区分を立てることができると考えていた．詩語が**日常伝達語** Mitteilungssprache と異なる特別な扱いを受けることができるのは，日常伝達語では言語手段・文体手段が日常性にまみれてしまい，アクチュアルな輝きを失ってしなっているからであった．詩語は，この傾向に逆らって，伝統となった詩的手段を伝統の枠から引き出して，日常的な言語手段と対照をなす新しい表現法を生み出す力を持つ言語であると考えられた．
　プラーク学派のこのような考えは，アメリカ構造主義言語学が盛んになった50年代に，あらためて議論された．Roman Jakobson はプラーク学派とア

メリカ構造主義言語学の仲を調停しようとして，かつて，Bühler(→10.1.3.1.)が唱えた言語の基本的三機能，表現 Ausdruck，描写 Darstellung，訴え Appell，のうえに第4の機能，**詩的機能** poetische Funktion を加えた．

Bühler が唱えた言語の基本的三機能のうち表現は送り手に関しており，描写は伝達内容に関しており，訴えは受け手に関していたが，Bühler は，表現には情緒的機能さえ備わっており，伝達内容には指示作用的機能も備わっており，訴えには意欲的機能まで備わっているとした．Jakobson はこれを受けて，三機能の他に，メディアと言語には**交感的機能** fatische Funktion を，送り手のコードと受け手のコードが一致することに関しては**メタ言語的機能** metasprachliche Funktion を，情報そのものに関して**詩的機能** poetische Funktion を加えることを提案した．交感的機能とは，情報を伝達することよりもむしろ送り手と受け手との一体化を作り出す言語の機能をいう．また，コードとは送り手が言語手段のどれを使いどれを使わないかを統括的に選択する姿勢のことである．送り手のコードと受け手のコードが一致していると，両者の姿勢が一致していることが自然に明らかになるわけである．

10.2.11.3. 構造主義的文体論

構造主義言語学と一口に言っても，方向や学派はさまざまである．文体論でいう構造主義とは，de Saussure の流れを汲んで，記号間の統合的関係，範列的関係，連想的関係を方法論の基礎とする立場を言う．文体をどのように考えるかによって四つの派に下位区分される．

10.2.11.3.1. 選択・組み合わせ理論

この派は，文体を音声からテクストまで言語のあらゆるレベルにおける言語要素を，統合的関係と範列的関係が交差するなかから選択し組み合わせた結果，出来上がるものであると考える．どのレベルにも各要素のあいだに等価値の関係が成立しているから，それを利用するのである．どの要素を選択するかは，コミュニケーションの目的に応じて決められる．

構造主義に立つ言語研究の有力な指導者であった Jakobson は，文化人類学者 Claude Lévi-Strauss とともに Charles Baudelaire の詩〈Les chats〉「猫」をこの文体論に基づいて分析し解釈して見せた．ただ，その際に，見つけだされた等価値関係を統合し，全体を解釈するにあたって，主観的な価値

10.2. 文　　　体

判断が入り込まざるをえなかった．

10.2.11.3.2.　同義語選択理論

　一般に，コンテクストさえ同一ならば，いくつかの同義語のあいだで選択して置換することが可能である．そのことによって表現の可能性が広がる．この考えは別に目新しいものではなく，すでに修辞学の時代から存在した．ただ，この派は，特定の事態に対して同義的な，あるいは半同義的な表現の可能性が複数存在する事態を言語の本来的な姿であるとして，そのことを文体の形成に本格的に利用するよう主張する．

　同義語選択理論に立脚する文体論にとっては，同義語からの選択のほかにパラフレーズの方式の選択もまた文体決定の重要な手段である．

　文の内容を変えないで文の外形だけを変える手段の一つが**パラフレーズ**（Paraphrase）である．近代言語学は，パラフレーズを四種に分けている．すなわち，1) 統語論的パラフレーズ（Ich gehe *jetzt*. : *Jetzt* gehe ich.），2) 語彙的パラフレーズ（Er ist *Junggeselle*. : Er ist *unverheiratet*.），3) 指呼的パラフレーズ（Er wohnt *in Köln*. : Er wohnt *dort*.），4) 語用論的パラフレーズ（*Schließ bitte* das Fenster！ : *Kannst du* das Fenster s*chließen*？ : *Es zieht！*）．ただ，同義語選択理論では選択が文法的なレベルにおいてばかりでなく，語用論的なレベルに至るまで連続したヒエラルヒーの段階のなかで行われるため，一つ一つの選択を明確に指摘することは，実は困難である．しかも，N.E.Enkvist が指摘したように（"On Defining Style". In : Enkvist/Spencer/Gregory (eds.) : *Linguistics and Style*, 1964, 1-56. [dtsch. 1972]），文体論の見地から選択すると言っても，文法上の制限があるうえ，指示対象に由来する語彙上の制限や送り手の意図，状況，ジャンルやテクストの種類に関わる諸条件によっても制限を受ける．

　このような指摘に対応して，Georg Michel は，送り手に起因する選択のバリエーションと言語体系に内在するバリエーションを区別するよう提案している．また，Bernd Spillner（*Linguistik und Literaturwissenschaft. Stilforschung, Rhetorik, Textlinguistik*, 1974）は，言語のいろいろな可能性のなかから選択すると言っても，決して無制限に恣意的に行われるのではなくて，先行するさまざまな選択によって選択の幅には枠がはめられていることを強調した．そして，文体を決定する際に五段階にわたって選択が行われると主

張した．すなわち，1)コミュニケーションの意図の選択，2)発話の対象の選択，3)言語コードの選択，4)文法的選択，5)文体的選択．

10.2.11.3.3. コンテクスト対比・対照主義

　同義語選択理論を批判した N. E. Enkvist は，文体とはコンテクストから影響を受けた言語の各レベルの要素の集合であると考えた．彼の考えによると，コンテクストが異なる二つのテクストは，当然，文体的特徴が異なる．コンテクストどうしを対比・対照すれば，テクストどうしの違いはおのずから明らかになるはずである．彼の考えるコンテクストは，言語に内在するコンテクストから始まって言語に外在するコンテクストにまで及ぶ幅広いものである．すなわち，音声・音韻・形態素・統語的要素・語彙的要素・句読点を含む書記的要素を始めとして，韻律や類型上の分類，問題のテクストを包含する上位のテクストのなかでそれが占める位置，隣接するテクストとの関係，などは言語に内在するコンテクストであるが，言語に外在するコンテクストとしては，場面や状況，身振りや身体的態度，発表の形態，ジャンル，送り手対受け手の関係や親密度，性別，年齢，教育，社会的階層や身分，経験の共有，発表の時期などがある．

　Enkvist によれば，文体論の目標は分析しようとするテクストの文体的特徴を一覧表にし，それらがコンテクストとの関わりでどのような分布を示しているかを把握することである．彼に特徴的なのは，記述することに徹し，解釈には手を出さない態度である．

　Michael Riffaterre もまた，文体を対比・対照によって文学テクストの文体的特徴を把握しようとした．ただ彼は，対比・対照する際に文体研究者が自己の文体感覚に頼るのを避けるために，まず一人あるは複数の偏見のない平均的な受け手にテクストを読ませ，文体研究者がのちにその反応をまとめるという「インフォーマント方式」を採用した (*Strukturale Stilistik*, 1973)．彼にとっては受け手がテクストに対するコンテクストを形成しているのであって，受け手の反応を対比・対照することはコンテクストの対比・対照を意味した．

10.2.11.3.4. 規範逸脱理論

　文体とはあらゆるテクストに存在する一般的な特性ではなくて，テクスト

10.2. 文　　　体

が既知の規範，あるいは存立していると仮定される規範から逸れるときにはじめて，文体が生まれると考える文体家もある．このように考えれば，文体とは特定のテクストにのみ特有的に備わる特性であると言うことができる．

例えば，固有名詞の2格形を付加語として名詞の前に置くことは一般的であっても，普通名詞の2格形を同じように使って „des Landes weite Auen" と述べることは「逸脱」と受けとられる．このような小さな具体的な逸脱は容易に見つけることができる．しかし，大がかりな逸脱や，規範すれすれの逸脱はかえって見つけるのが困難である．しかも，何がノーマルであるかということも，実ははっきりしていない．まして，あらゆる言語表明には文体的特徴が認められるという立場すらありうる以上，逸脱を逸脱として捉えることは困難であると言わざるをえない．また，とくに隠喩や換喩が使われる詩において，特定の隠喩や換喩が聞き慣れないからと言って逸脱と決めつけることは極めて問題的であろう．

結局，この理論は特定の文学テクストか実験的な言語テクストにしか適用できない，しかも，逸脱に注目するあまりテクスト全体やテクストの構造はないがしろにしてしまう恐れすらある．この点に対して強い疑念を提出している文体研究者があるのも当然だろう．

10.2.11.3.5.　生成文体論

言語が多様な表現を持っているから文体が生み出されると言うことができるが，多様性そのものは言語の変形によって生み出される，というのがそもそも構造主義言語学が基本的に抱いていた思想である．この思想は Noam Chomsky の生成変形文法によって理論的・方法論的に基礎づけられた．そして，テクストのコーパスを分析する代わりに人間の言語能力を記述することが言語研究の前面に押し出された．言語に文体上の様々な変種が生まれるという事実も，同じく生成変形によって説明されることになった．R. M. Ohmann は，Chomsky の *Syntactic Structures* (1957) の理論に立って，いかにして**核文** Kernsatz から自由選択的な変形を通して文体上の統語論的な変種が成立するかを，種々の文学作品の実例で説明した．彼が明らかにしたように，変形のタイプが異なることが作家の統語論の文体上の相違を決定していた．

しかし，Chomsky が彼の「標準理論」(1965) によって統語論のモデルを改訂すると，変形規則はまったく複雑になり，手数のかかるものとなると同

時に，文体の研究にかえってあまり適しないものになってしまった．規範からの文体的な逸脱や，文法性ならびに文体上の許容性の問題は以前にもまして精密に記述されたものの，生成変形文法と文体論の関係が十分に解明されることはなかった．

10.2.11.3.6. 語義論からの影響

語義の研究が進んで，単語は概念的意味を表すほかに副次的な意味をも表すことが明らかにされた．概念的意味は**明示的意味** denotative Bedeutung と呼ばれ，副次的な意味は**共示的意味** konnotative Bedeutung と呼ばれる．例えば，10.2.8.3. で見たように，Kopf/Haupt/Schädel/Birne の明示的意味はいずれも「頭」であるが，共示的意味がそれぞれに違っている．Kopf が中立的であるのに対して，Haupt は上品であり，Schädel は俗語的であり，Birne は下品である．共示的意味が明示的意味のうえに追加的な情報をもたらすという議論が活発になるにつれて，文体論においても共示的意味が注目された．

共示的意味を重視する立場に立つ文体家の一人は，古くは de Saussure の弟子の Ch. Bally である．彼はフランス語における感情的な価値を記録しようと試みた．新しいところでは，E. Riesel がテクストを構成している言語単位には第一義的な情報としての明示的意味のほかに，副次的に文体的な意味が付随しており，この文体的意味はコンテクストがもたらす文体的なニュアンスが合成されたものであると主張した．H. Graubner は語彙の共示的意味を下位分類した．すなわち，規範的な共示的意味（文体の階層を表す），表現的な共示的意味（擬古的，婉曲など），機能的な共示的意味（機能文体を作る），文法的な共示的意味（品詞が持つ文体的価値），音声的な共示的意味（オノマトペやリズムなど）．R. Liwerski は，テクストの意味論的なウエイトが明示的意味から共示的意味へと移されるのに応じてポエジー性が高まると考えた．また，明示的意味に対する共示的意味の関係をヒエラルヒーとして構造づけることができれば，文体の本質を把握することができると考えた．

10.2.11.3.7. コミュニケーション派

これは，文体をそれがいかにして作り出されるかといった現象として捉えず，人間どうしのあいだに行われるコミュニケーションの過程のなかに文体

10.2. 文体

を捕捉しようとする立場の総称である．言い換えれば，文体のコミュニケーション的な因子を研究しようとする立場である．

コミュニケーションの基本的な構成要素は，Shannon/Weber のモデルによれば，送り手と受け手と情報とコードとメディアであるが，コミュニケーション派は，それらの他にさらに，送り手の側ならびに受け手の側のコミュニケーション状況や，それぞれのコミュニケーション意図とコミュニケーション戦術の要素が文体に決定的に影響を与えると考える．

ドイツ語圏で初めて文体がコミュニケーションと結びついていることを詳細にわたって強調したのは，Spillner である．彼は文体を，送り手である作者が互いに競合関係にある言語表現手段のなかから特定の言語表現手段を選び出した結果を意味すると同時に，テクストの受け手である読者がその選択結果の過程をなぞりつつ再構成することをも意味すると考えた．彼は，Jakobson の唱えた詩的機能を重視したため，文学テクストしか対象にしなかったが，もし詩的機能を度外視してよければ，彼が強調した文体とコミュニケーションの関係は広く非文学テクストについて成り立つであろう．

10.2.11.3.8. 語用論的文体論

語用論的文体論 pragmatische Stilistik の出発点は，言うまでもなく，60年代から70年代の初めにかけて英国の言語哲学者・言語学者の John L. Austin と John R. Searle によって発展させられた**発話行為理論** Sprechakttheorie である．発話行為理論には，言葉を使ってコミュニケーションするとは，とりもなおさず，言葉を使って行為することであるという見解が根底にある．

文体論がしばしば表現の多様性が文体を作ると主張するのに対して，語用論的文体論は，表現が多様であるということは言語表現が及ぼす作用の形もそれだけさまざまであるということを出発点にする．発話行為理論の考察はもともと文のレベルに限られていて，テクストという視野をもっていないのが弱点であったが，語用論的文体論がこのように行為の結果の多様性に着目したことによって，発話行為理論が本来持っていた弱点を克服する道が見出された．もっとも，語用論的文体論が効力を発揮するのは，Barbara Sandig の研究が示しているように，テクストが語用論的に均一性を保っている場合に限られる．その場合は，発話行為を分析することとテクストの文体を分析することは合致するからである．しかし，テクストが広範になればなるほど，

語用論的に非均一的になるため,テクストに特定の行為を見出すことが難しくなり,したがって文体的に分析することも困難になってゆく.

　語用論的文体論の問題点の一つは,テクストに含まれる発話行為の分析と文体的要素の分析の境界があいまいになってしまい,テクストの構成の分析そのものがおろそかになってしまうことである.また,もう一つの問題点は,形式が固定した実用テクストでは送り手が狙った効果を容易に想定することができるのに反して,読み手における効果をそれほどはっきりと意図していない(あるいは,一見,意図していない)テクストでは,送り手が狙った効果は分析者の推定の域を出ないという点である.

10.2.11.3.9. 会話文体論

　これは,語用論的文体論や,さきのコミュニケーション派の延長上に位置するとも言うべき新しい文体論の一派である.呼び名のとおり会話を文体研究の対象にしている.語用論的文体論が発話行為理論に依拠したように,会話文体論も言語学における会話研究の成果に立脚しようとしている.

　会話文体論は,言語行為が文体上の表現として実現されると考える限りでは,語用論的文体論に属するとみなしてよい.けれども,対話や対話に埋め込まれた独白を研究対象にするのであるから,それだけでも,ストレートなテクストを研究対象にする語用論的文体論よりもはるかに複雑であると言わなければならない.しかし,会話文体論はさまざまな研究が意欲的に試みられている分野でもある.

10.2.12. 文体論の体系的分類

　これまで歴史的な発展過程を見てきたいろいろな文体論を,それぞれにおいて支配的な見解を手がかりにして体系的にグループに分け,グループ毎の立場の特徴をあらためて明らかにしてみよう.

10.2.12.1. 文体習得の理論と見る立場

　修辞学に則(のっと)った文体論の文体観は,いわば教育的文体観とも呼ぶべき見解である.修辞学の発生はたしかに集会における説得という実用性にあったが,時代が進むにつれて実用性は後退し,修辞学は教室で学ぶ対象となった.と

りわけ後期ローマン派が作詩の際に多くの修辞学のあやを使ったため，修辞学が実用とは縁遠いものであるという印象をますます強めた．

その代わり，型と規則を覚え込ませることで文章を作らせることが学校教育における伝統となり，18世紀に修辞学そのものが衰退したのちも，形を変えて生き続けた．今日でも古代修辞学の成果は，それが人間の思考の基本型に合致しているために，生活のさまざまな分野で活用されている．

文体論を文体習得の理論と見る立場には，文体は教え込むことができるという観念が色濃くにじんでいる．なるほど，文体の良し悪しは個人の才能に関わっているから，あらゆる学習者に一律に良い文体を習得させることは無理であるにしても，練習と錬磨によって文体を向上させることはできると考えるのである．

文体分析という観点から見ると，この立場の文体観は修辞学に縛られすぎていて，利用できる点はあまり多くない．

10.2.12.2. 文体成立の契機を説明しようとする立場

文体は習得可能であり，したがって操作可能であるという文体習得の理論派の見解は，時代とともに変化を遂げた．そして，文体は個人によって決定的に特徴づけられているという考え方が生まれた．純粋に個人ばかりでなく，多くの点で一致する個人群にも，同じことがあてはまる．近代的個人主義という時代思潮がこの文体観に影響していることは言うまでもない．平行して，文体の個性は詩人だけに限られるのではなくて，一般人にも当てはまるという考えが広がっていった．

この立場の研究は，個人の表現の特性を問題にするので，文体分析にも利用することが可能である．Moritz（→10.2.10.2.）の個人文体の研究をはじめ，Elster（→10.2.10.3.）や Kayser（→10.2.10.3.）の業績は無視することができない．

文体は個人によって決定的に特徴づけられているという考え方は心理学にも由来する．精神力は個人によって相違するという心理学の理論が，この立場の文体観を支えていることは確かである．とりわけ Wundt（→10.2.10.3.）は，統覚にはさまざまな形態がありうるという説によって個人の文体が成立する理由を説明しようとした意味で，この立場にとって重要である．

しかし，文体の成立や文体の効果は心理学によってしか説明できないわけ

ではない．選択・組み合わせ理論（→10.2.11.3.1.）や規範逸脱理論（→10.2.11.3.4.）もまた文体成立の契機を説明しようとする理論である．これらの理論を立脚点とする文体研究は，今日もなお，文体の個人差が成立する理由を実証的に説明する努力を続けている．もしこれらの試みが文体要素を元素化することに成功すれば，文体分析に役立つ理論になることはまちがいないと思われる．

10.2.12.3. 文体を現象学的に見る立場

文体の固有性を作り出す特定の要素だけを突き止めようとする文体研究は，すべてこの立場に属すると言うことができる．その意味では，個人の文体ばかりでなくグループの文体，時代の文体，ジャンル別の文体の研究もこの立場に属する．この立場の研究は，文体分析にとっていずれも有効である．

Wölfflin（→10.2.10.3.）は文学作品が形成される際のものの見方の根底に対極的な特性（例えば，線的か面的か，二次元的か三次元的か，閉鎖的か開放的か，多元的か一元的か，絶対的か相対的かなど）があると主張して，文学作品の文体研究に貢献した．彼の「対極理論」をはじめとして，文体とは詩人が統一性をもって世界を受容した結果であると主張した Kayser の文学テクスト研究（→10.2.10.3.），Staiger たちの作品内在的解釈（→10.2.10.3.），Winkler の含意的意味を強調した文体論（→10.2.10.3.），言語の情緒的な力こそ文体論の対象であると主張した「一般文体論」の Seidler（→10.2.10.3.）などはこの立場に含めることができる．とりわけ，後者の二人の文体観は，含意的意味の体系としての文体という意味で近代的文体観に通じるものを持っている．

また，構造主義に拠る Enkvist（→10.2.11.3.2.）や Riffaterre たちの文体論（→10.2.11.3.3.）や，規範逸脱理論（→10.2.11.3.4.）も，コンテクストの対比・対照が文体にとって大切であるとする限りでは，文体を現象学的に見る立場に数えることができる．また，コンテクスト対比・対照主義（→10.2.11.3.3.）も他との異同を確定しようとする要素を含んでいるし，機能主義的な文体論も，機能文体領域における典型的な特徴を確定し記述しようとしているから，当然，この立場に属すると言える．また，統計的文体研究もこの立場に数えなければならないであろう．

文体を現象学的に見る立場の文体論にとっては，まず記述することが基礎

となる作業である．発見された文体構成要素がどんなはたらきをしているかは，その後の研究が進むなかで確定されて行く．この点で文体を現象学的に見る立場は教育学的な文体論と一線を画している．同時に，次のコミュニケーションや語用論を背景にする立場とも異なっていると言わなければならない．というのは，これらの立場では，文体的な特徴を言い表すこと自体が目標とされているからである．

10.2.12.4. コミュニケーション理論や語用論を背景にする立場

すでに紹介したように，これは言語コミュニケーションのモデルにならって文体形成の意図と効果を理論に取り入れている立場であるが（→10.2.11.3.8.），コミュニケーション・モデルのどの要素に特に注意を払うかはそれぞれに異なっている．

B. Stolt はコミュニケーションの過程の全体を顧慮するよう強調しているのに対して，Spillner（→10.2.11.3.7.）や Thieberger は送り手と受け手の位置づけを重要視しているし，Riffaterre は受け手に限って研究しようとしている．

Stolt や Sandig（→10.2.11.3.8.）は，言語外の行為意図を研究対象としては第一位に置き，文体の定式化は第二位に据えていると言える．つまり，文体的表現の特徴づけの助けを借りて，言語行為そのものを記述しようとしているからである．二人はまた，受け手における期待と効果を視野に入れているとも言うことができる．この点では Sanders（→10.2.5.3.）と同じ立場に立っている

Michel（→10.2.11.3.2.）は，機能的で選択的な文体論の立場に立つ文体家であるが，コミュニケーションにおける戦術を強調しているので，このグループに入れることができる．

文体研究に際してコミュニケーションや語用論を背景にする立場は，なるほど文体現象のコミュニケーション的な複雑さを顧慮するけれども，文学テクストや歴史テクストの文体問題には触れないのが問題点である．

10.2.12.5. ミクロ文体論とマクロ文体論

文体は一個の文 Satz の枠内においてではなく，文が連なって成立しているテクストの枠内においてはじめて観察できる事柄である．一つの単語や文

から文体的な水準の高さを推定することはなるほどできるけれども，一定の特性や機能を持つ文体であるかどうかは，テクストを構成しているそれぞれの文を前後の文との関連のなかで，つまりテクストの枠内で考察するのでなければ明確にすることはできない．過去において文体論が修辞学の伝統にとらわれて，一個の文の枠内だけで文体を観察し，語や文の変種に限って研究したことがあったの誤りであった．

一方，文のレベルよりも上位のレベルにあってテクストの構成にさまざまな影響を及ぼすカテゴリーも存在する．例えば，特定の集団に固有の文体，あるいは，時代文体と呼ばれる，特定の時期に固有の文体などは，文のレベルよりも上位のレベルにあってテクストの構成に影響を及ぼす因子を研究しなければ，本質を明らかにすることはむつかしい．

そこで，従来のテクストの枠内で文体に影響を及ぼす因子を研究する文体研究を**ミクロ文体論** Mikrostilistik と呼び，テクスト・レベル以上のレベルにおいて文体に影響を及ぼすカテゴリーを研究する文体研究を**マクロ文体論** Makrostilistik と呼ぶ区別が生まれた．最初にこの区分を提唱したのは，Riesel（→10.2.11.3.6.）である（Riesel, E./Schendels, E.: *Deutsche Stilistik*, 1975）．さらに Bernhard Sowinski がこれを補った („Kategorien der Makrostilistik－Eine Übersichtsskizze." In: Sandig, B.(Hrsg.): *Stilistik Bd. I: Probleme der Stilistik*, 1983）．

マクロ文体論が扱う諸因子はテクストのミクロ構造にまで入り込んで決定的な影響を及ぼすと考えられるので，文体論としては見過ごすわけにはゆかないのである．

附記　代替のあや（10.2.4.2.1.）の下位分類について

Metonymie 換喩とは別に提喩/代喩 Synekdoche という項目を立て，それで以て，部分または特殊なもので全体または一般的なものを表すか（Schiff の代わりに Kiel），逆に，全体または一般的なもので部分または特殊なものを表す（Schwert の代わりに Waffe）言葉のあやを指すことがある．例（98）はなるほど提喩/代喩のようにも見えるが，実は換喩が成り立つ関係は，住所と住民，世紀とその世紀の人間，社会組織と支配層，人間と性質，物と特徴，入れ物と中味，原因と結果，類と種など多種多様である．それゆえ，提喩/代喩とは換喩の特殊な形態にすぎないと考えた．もっとも，類と種によって成り立つ換喩だけは提喩 Synekdoche として別に分類しなければならないという考え方もある（佐藤信夫『レトリック感覚』講談社文庫）参照．

参考文献

(本文に記した文献は省いて，基本的な文献のみ挙げた)

Bühler, K.: *Sprachtheorie*. Uni-Taschenbücher 1159. Stuttgart/New York: Gustav Fischer Verlag 1982.

Duden. Grammatik der deutschen Gegenwartssprache. 4., völlig neu bearbeitete und erweiterte Aufl. Mannheim: Bibliographisches Institut 1984.

Fleischer. W./ Michel, G.: *Stilistik der deutschen Gegenwartssprache*. Leipzig: Bibliographisches Institut Leipzig 1975.

Hamburger, Käte: *Die Logik der Dichtung*, 2., stark veränderte Aufl. Stuttgart: Ernst Klett Verlag 1968

Jung, W.: *Kleine Grammatik der deutschen Sprache*. 4., verbesserter Nachdruck. Leipzig: VEB Bibliographisches Institut Leipzig 1961.

Kleine Enzyklopädie. Deutsche Sprache. Leipzig: VEB Bibliographisches Institut Leipzig 1983.

Krahl, S./Kurz, J.: *Kleines Wörterbuch der Stilistik*. Leipzig: VEB Bibliographisches Institut 1970.

Matthias, Th.: *Sprachleben und Sprachschäden*, 6. Aufl, Leipzig 1929.

Möller, G.: *Praktische Stillehre*. 4., unveränderte Aufl.. Leipzig: Bibliographisches Institut Leipzig 1983.

Sandig, B.: *Stilistik der deutschen Sprache*. Sammlung Göschen 2229.Berlin/ New York: de Gruyter 1986.

Sowinski, Bernhard: *Stilistik*. Sammlung Metzler Band 263. Stuttgart: J.B. Metzlersche Verlagshandlung 1991.

Stanzel, F.K.: *Linguistische und Literarische Aspekte des erzählenden Diskurses*. Wien: Verlag der Österreichischen Akademie der Wissenschaften 1984. 鈴木康志訳『物語デイスコースーその言語学的アスペクトと文学的アスペクト』In: *Litteratura* 17 (名古屋工業大学外国語教室紀要) 1996.

Stanzel, F.K.: *Theorie des Erzählens*. Uni-Taschenbücher 904. 6., unveränderte Aufl. Göttingen: Vandenhoeck & Ruprecht 1995.

Weinrich, H.: *Tempus. Besprochene und erzählte Welt*. 2., völlig neubearbeitete Aufl. Stuttgart/Berlin/Köln/Mainz: Verlag W. Kohlhammer 1971.

例 文 出 典

Bachmann: Bachmann, I.: Simultan. In: *Simultan*. 5. Aufl. München: Piper Verlag 1998.
Erzähler: Fehse, W. (Hrsg.) *Deutsche Erzähler der Gegenwart*. Universal-Bibliothek Nr. 8262-65. Stuttgart: Philipp Reclam jun. 1959.
 65a. Stuttgart: Reclam-Verlag GmbH. 1966.
Erzählte Zeit: Durzak, M.(Hrsg.): *Erzählte Zeit. 50 deutsche Kurzgeschichten der Gegenwart*. Universal-Bibliothek Nr. 9990 [6]. Stuttgart: Philipp Reclam jun. 1980.
Goethe, J. W.: Die Leiden des jungen Werthers. In: *Goethes Werke in zehn Bdn*. 7. Bd. Zürich: Artemis Verlags-AG 1962.
Heine, H.: Heine, H.: *Die Harzreise*. Reclam Universal-Bibliothek Nr. 2221. Stuttgart: Philipp Reclam jun. 1997.
Jung, W.: *Kleine Grammatik der deutschen Sprache*. Leipzig: Bibliographisches Institut, 4., verbesserter Nachdruck 1961.*
Kinderduden. Mannheim/Wien/Zürich: Bibliographisches Institut, 2., völlig bearbeitete Aufl. 1970.
Kleist: *Sämtliche Erzählungen*. München: Wilhelm Goldmann Verlag, 2. Aufl. 1982.
Kulturchronik: *Kulturchronik. Nachrichten und Berichte aus der Bundesrepublik Deutschland*. Bonn: Inter Nationes.
Letter: *DAAD Letter. Hochschul und Ausland*. Bonn: Deutscher Akademischer Austauschdienst e. V..
Mann, H.: Mann, H.: *Der Untertan*. Reclams Universal-Bibliothek. Nr.8148-52. 8. Aufl. Leipzig: Philipp Reclam jun.
Mann, Th.: Süßer Schlaf. In: Gesammelte Werke in Einzelbänden XI. Über mich selbst. Autobiographische Schriften, S. 155. Frankfurter Ausgabe. Hrsg. von Peter de Mendelssohn.

---

 *Jungが参照したMatthiasの引用は，さらにGoetheの原典と照合すると細部に異動が見られる．このことについても京都外国語大学の片山良展教授の御示唆を得た．

例文出典

Mann, Th. 82: Mann, Thomas: *Tonio Kröger und der Zauberer*. Frankfurt am Main: Fischer Taschenbuch Verlag GmbH. 1982.

MGKL: *Meyers Grosses Kinderlexikon*. Mannheim: Bibliographisches Institut 1981.

Möller, G.: *Praktische Stillehre*. Leipzig: Bibliographisches Institut, 4., unveränderte Auflage 1983.

Parodien: Verweyen Th. u. Witting, G.(Hrsg.) *Deutsche Lyrik-Parodien aus drei Jahrhunderten*. Reclam Universal-Bibliothek Nr. 7975. Stuttgart: Philipp Reclam jun. 1983.

Schnitzler: Schnitzler, Arthur: Der blinde Geronimo und sein Bruder. In: *Der blinde Geronimo und sein Bruder*. Fischer-Taschenbuch 9404. Frankfurt am Main: Fischer Taschenbuch Verlag GmbH. 1987.

Stern: *stern magazin*. Gruner ＋Jahr AG & Co.

Stifter: Stifter, A.: Bunte Steine. In: *Bunte Steine*. Reclam Universal-Bibliothek Nr. 4195. Stuttgart: Philipp Reclam jun. 1998.

Storm: Storm, Theodor: *Der Schimmelreiter*. 2., erweiterte u. verbesserte Aufl. Heide: Westholsteinische Verlagsanstalt Boyens & Co. 1983.

Urzidil: Urzidil, Johannes: *Neujahrsrummel* ［Textausgabe］. 第10版 行人社 1992.

中級100：『ドイツ語中級問題100選』 郁文堂 第44版 1991.

続中級100：『続ドイツ語中級問題100選』 郁文堂 第20版 1997.

事項の索引

（目次から調べることができる事項は含めていない）

ア

アスペクト Aspekt　　　149

イ

言い直し Übertragung　　107, 151
言い換え Umschreibung　　107
位置交換 Platzwechsel　　115
意図 Intension　　14
意欲的機能　　162
隠喩 Metapher　　106, 107

ウ

迂言法 Periphrase　　107
迂言形式 Streckform　　148

エ

エポックの文体 Epochenstil　　132

オ

オノマトペ Onomatopoetikon　　153

カ

開脚配置 Spreizstellung　　118
階段文 Treppensatz　　33
語り手 Erzähler　　77
換喩 Metonymie　　107, 108
完了相の perfektiv　　149

キ

機能動詞 Funktionsverb　　147
機能動詞構造 Funktionsverbgefüge　　148
機能文体 Funktionalstil/Funktionsstil　　132
脚韻 Endreim　　153
共示的意味 konnotative Bedeutung　　166
共示的・意味的等価表現 konnotativ-semantische Äquivalenz　　126
強調 Emphase　　107
曲言法 Litotes　　151

ク

くびき語法 Zeugma　　113, 114

ケ

言語経済学 sprachliche Ökonomie　　113
言語的コンテクスト sprachlicher Kontext　　16
謙譲の複数 Pluralis modestiae　　151

コ

交感的機能 fatische Funktion　　162
交叉配列 Chiasmus　　111
構造主義　　162

後置 Nachstellung	115, 118		接続詞単用 Monosyndeton	111
後方照応 Kataphorik	54		接続詞畳用 Polysyndeton	111
構文の切り替わり Konstruktionswechsel	115, 121, 143		接続詞を用いた並列 syndetische Reihung	32
構文の中断 Konstruktionsbruch	118		接続詞を用いない並列 asyndetische Reihung	32
語彙 Wortschatz	143		前域 Vorfeld	116
語彙的手段	144		漸降法 Antiklimax	32
個人文体 Individualstil/Ideolekt	132		漸層法 Klimax	32
コミュニケーションの対象 Kommunikationsgegenstand	90		専門語 Fachsprache	139
孤立化 Isolierung	115, 119		専門テクスト Fachtext	139

サ

再録 Wiederaufnahme　　　115, 119

シ

詩語 Dichtersprache	161
思考の中断 Gedankenabbruch	114
指示作用的機能	162
時代の文体 Zeitstil	132
詩的機能 poeitsche Funktion	162
社会的方言 Soziolekt	139
首句反覆 Anapher	32
修辞学 Rhetorik	154
受容 Perzeption	160
省略 Ellipse	113
叙事的現在 episches Präsens	76
情緒的機能	162
スパイスを効かせる語 Würzwort	150

セ

絶句法 Aposiopese	113, 114
接続詞省略 Asyndeton	111

ソ

相互作用 Interaktion	14
挿入 Einschub	115
尊貴の複数 Pluralis majestatis	151

タ

対照法 Antithese	110
対置 Entgegensetzung	110
代喩 Synekdoche	172
単一文テクスト Einsatz-Ttext	4
単純複合文	33

チ

中域 Mittelfeld	116
直喩 Vergleich	109

ツ

追加 Nachtrag	114, 119
積み上げ Häufung	111

テ

提喩 Synekdoche	172
テクストの種類 Textsorte	12
テーマ・レーマ進行 Thema-Rhema-Progression	6
添加 Beifügung	110, 112

ト

頭韻 Stabreim	153
動作態様 Aktionsart	149
動詞文体 Verbalstil	147
動詞的名詞 Verbalsubstantiv	147

ニ

二語一意 Hendiadyoin	32
日常伝達語 Mitteilungssprache	161
日常文体 Alltagsstil	142

ハ

配置換え Umstellung	115
配列 Anordnung	115
破格構文 Anakoluth/Satzbruch	121
箱入り文 Schachtelsatz	32
発話行為理論 Sprechakttheorie	167
場面的現在 szenisches Präsens	76
場面的コンテクスト situativer Kontext	16
パラ言語的表現手段 paralinguistische Ausdrucksmittel	63
パラフレーズ	163
反復 Wiederholung	110

ヒ

尾語句反復 Epipher	32

フ

複雑複合文	33
プラーク学派	5, 161
文章 Text	1
文体論 Stilisitik/Stillehre	90

ホ

法人格の主語 juristisches Subjekt	136

ミ

未完了相の imperfektiv	149

ム

矛盾語法 Oxymolon	111

メ

名詞文体 Nominalstil	147
明示的意味 denotative Bedeutung	166
メタ言語的機能 metasprachliche Funktion	162

リ

領域文体 Bereichsstil	132

ワ

枠外配置 Ausrahmung/Ausklammerung	118
話法詞 Modalwort	150

人名の索引

(例文出典の作者名は含めていない)

Adelung, J. C.	159	Hoffmann, E. T. A.	78
Aristoteles	154	Humboldt, W. von	157
Austin, J. L.	167	Jakobson, R.	161, 162, 167
Bally, C.	157, 166	Jung, W.	36
Baudelaire, C.	162	Kayser, W.	160, 169
Becker, K. F.	157	Keller, G.	36
Bobrowski, B.	73	Klotz, V.	13
Buffon, G. L. L.	155	Lämmert, E.	13
Bühler, K.	162	Lausberg, H.	13
Busemann, A.	161	Leibnitz, G. W.	149
Chomsky, N.	165	Lessing, G. E.	28f.
Cicero	154	Levi-Strauss, C.	162
Croce, B.	159	Liliencron, D. v.	145
Döblin, A.	145	Liwerski, R.	166
Drach, E.	116	Luther, M.	36
Eggers, H.	27ff.	Matthias, Th.	36
Elster, E.	159, 169	Meyer, R. M.	158
Enkvist, N. E.	163, 170	Michel, G.	163
Erasmus	155	Möller, G.	38, 39
Ermatinger, E.	159	Montaigne, M. E.	155
Freytag, G.	13	Moritz, K. P.	156
Frisch, M.	73	Müller, G.	13
Fuchs, W.	161	Mundt, Th.	157
Graubner, H.	166	Novalis	156
Grimm, J.	157	Ohmann, R. M.	165
Hamburger, K.	66, 72	Riesel, E.	166
Handke, P.	73	Riffaterre, M.	164, 170, 171
Herder, J. G. von	28f.	Rilke, R. M.	145
Hildebrand, R.	36	Sanders, W.	129, 171

Sandig, B.	167	Stramm, A.	145
Saussure, F. de	162	Theophrast	154
Scherer, W.	158	Thieberger, R.	171
Schiller, Fr.	28f., 56	Trakl, G.	145
Schneider, W.	159	Vossler, K.	159
Searle, J. R.	167	Wackernagel, W.	157
Seidler, H.	160	Weaber, C. E.	15
Shannon, C. E.	15	Weinrich, H.	71
Sowinski, B.	172	Werfel, F.	73
Spillner, B.	163, 171	Winckelmann, J. J.	155
Spitzer, L.	159	Winkler, E.	160
Staiger, E.	160	Wölfflin, H.	159, 170
Stanzel, F. K.	77	Wundt, W.	159, 169
Stolt, B.	171		

目録進呈　落丁本・乱丁本はお取替えいたします。

平成12年 9 月10日　　ⓒ 第 1 版発行
平成13年 5 月20日　　　 第 2 版発行

〈ドイツ語文法シリーズ〉 表現・文体　10	著　者　　乙　政　　潤 発行者　　佐　藤　政　人 発行所 株式会社　大学書林 東京都文京区小石川 4 丁目 7 番 4 号 振替口座　　00120-8-43740 電　話　東京 (03) 3812-6281〜3番 郵便番号112-0002

ISBN4-475-01500-6　　　　写研・横山印刷・文章堂製本

浜崎長寿・乙政　潤・野入逸彦編集

「ドイツ語文法シリーズ」

第Ⅰ期10巻内容（※は既刊）

第1巻
※「ドイツ語文法研究概論」　　　浜崎長寿・乙政　潤・野入逸彦

第2巻
「名詞・代名詞・形容詞」　　　浜崎長寿・橋本政義

第3巻
「冠詞・前置詞・格」　　　成田　節

第4巻
「動詞」　　　浜崎長寿・野入逸彦・八本木　薫

第5巻
※「副詞」　　　井口　靖

第6巻
「接続詞」　　　村上重子

第7巻
「語彙・造語」　　　野入逸彦・太城桂子

第8巻
「発音・綴字」　　　野入逸彦

第9巻
※「副文・関係代名詞・関係副詞」　　　乙政　潤・橋本政義

第10巻
※「表現・文体」　　　乙政　潤

― 目 録 進 呈 ―